ドゴンの遠い瞳

萠《もえぎ》庵《あん》骨《こっ》董《とう》余《よ》話《わ》

山本 萠
YAMAMOTO MOEGI

コールサック社

序

尾久《おぎゅう》彰三《しんぞう》（元・日本民藝館学芸部長）

山本萠さんと、ほぼ三十数年間付き合ってきた。付き合いのきっかけは何だったか、今は忘れてしまった。でも、私が日本民藝館で学芸員をしながら、あちこちの雑誌に、骨董や民芸の事を書いていたので、それを読んだ山本さんが、一種のファンレターを下さったのが、その始まりだった様にも思う。

と言うのは、詩人として何冊か、詩集の単行本を出していた萠さんも、その頃は一眼レフカメラで、身辺の風景や骨董を撮っては、写真にエッセーを絡ませた、詩情豊かな文章を、骨董雑誌に連載していたからである。そして、実は私もそのエッセーのファンだったので、二人はその時から、長く交友を重ねる事になったのである。

つい最近、山本萠さんのもう一つの才能である「書」の展覧会場で、骨董に関する本を、出すことになったので、「推薦文を書いて欲しい」とお願いされた。私はそれ迄に出版された、彼女の骨董本の幾冊かに、推薦文を書いているので、二つ返事で引き受けた。

私はこの世界の妙工品、即ち民芸品について書かれたこれらのエッセーを、一気に読んで、荊さんの健在を知った。そして、この本を喜んで推薦したく思ったのである。

皆さん、是非一読して下さい。

目次

Ⅱ 人形の桃子と

Ⅲ 夢を曳いて

ドゴンの遠い瞳

萠庵骨董余話《もえぎあんこっとうよわ》

山本萠

I

風の舞

李朝堅手碗（李朝時代前期）　径13cm

初めてのお茶碗

その日、〈私のお茶碗〉と呼べる茶碗を購入するのだと決意して、私は家を出た。四十年も昔のことである。

手籠の財布にはアルバイトで得た三万円が入っている。それで茶碗が買えるか否か判らなかったが、何故だか迷いはなかった。

店名も忘れてしまったが、骨董雑誌に広告の出ていた都内の店へ、一人訪ねて行く。骨董の目も、茶道の何であるかも識らぬ新参者が、茶碗への憧れだけで行動した。探しあてた店に入って、李朝のものが並んでいる棚で白っぽい茶碗と目が合った。発掘の堅手《かたで》と呼ばれる李朝前期のやきもので、もしかしたらこれかもしれない、と思える何かが、その茶碗の姿や肌の調子の全容から伝わった。褐色の明るい土へ上掛けされた仄青い白釉《はくゆう》が浄らかで、轆轤目《ろくろめ》も引き締まって美しかった。

値を問うと静かな声で「三万円です」と店主に告げられ、思わず肩の力の抜けていくのがわかった。

ただ見込み（碗の底）中央に細い窯疵《かまきず》の亀裂が走っていて、店主が洩れるかどうか水を注いでくれた。裏の高台《こうだい》あたりが少し滲んだが、私は気にもならなかった。

そして再び店主とその茶碗を眺める。地上に出て初めて水を含んだ碗は、さあーっと翳りを帯び、表情が一変した。思わずわあーっと声が出た。

「いいお茶碗だ」

店主がしみじみ呟く。

それまでは気づかなかったが、見込みの立上がりの一か所が、濡れたことで暮れゆく夕空のように淡桃色に燿いていたのだ。なんとあえかなやわらかい景色だろう。釉掛けの際、ついてしまった口縁の指あともくっきり残って、やや端反《はたぞ》りの平凡な碗に生彩をもたらしていた。

口径十三センチ、高さ六センチの古い朝鮮時代の茶碗が修理から戻れば、見込み一面に金の龍が大空へと駈け昇る、雄大な光景が現出している。この過ぎたる出会いに頭を垂れずにはいられなかった。清澄な、だがめざましい一個の碗に心解き放たれ、私は今日もさわさわっと台所でお茶を点てる。雲龍の背に乗り、はるけく私も天空へ昇って行くのだ。

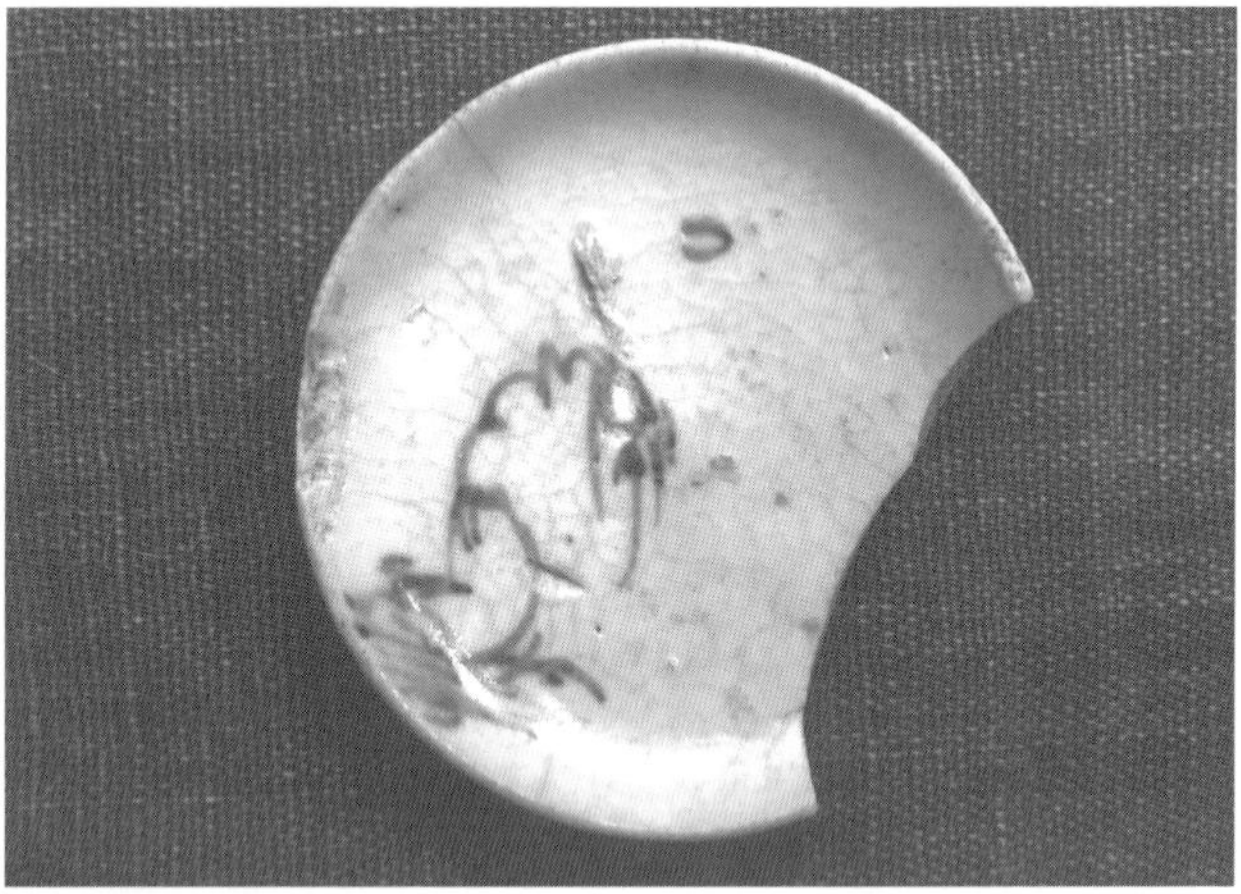

初期伊万里豆皿（江戸時代初期）　径6.2cm

天には月が

わが家の食器棚の小抽斗《こひきだし》に、他のやきものにまじって掌にちょこんと載る柳と月の絵付けの、初期伊万里の豆皿がある。私はそれを、初めて出掛けて行った〈星の樹〉という骨董店の主人に貰った。

その店は当時日本の古陶が専門で、私は野花を生けたくて鎌倉期の大平鉢《おおひらばち》を購入し包んでもらった。

その時、棚の一つの抽斗が半開きになっていて、この豆皿がぽつねんと陶片の間に見えた。あっ、と思い、ビリビリッと電撃が走る。

なんて凄い染付《そめつけ》だろう。小さな小さな空間の、壮大な光景に茫然とした。

皿中央より左側に簡略な線で柳を描き、その上部に半月が懸かる。口縁の一部が削《そ》げ、右下三分の一が欠損している。口径62ミリ程。裏の高台《こうだい》も小さめで、一部に細かな砂が付着し、生掛《なま》け（素焼きせず釉を掛けたもの）の、仄かに青っぽい釉が不均一に掛かる。表にはくっつきの跡や削げ跡が残ってあばた状の磁肌である。

これは私たちの国で、試行錯誤の末初めて磁器を焼いた江戸初期頃の、伊万里の瑞々しい遺品なのだ。値札の付いていないそれら参考品は、店主の大切な資料と思われた。

いいな、いいな、と独りごちる私に、「じゃあ、差し上げます」と応じて、ささっと包んでくれた主は、いったい何者だろう。

詩の題《タイトル》かとも思えるような店名の〈星の樹〉さんとは、それ以来の永いおつき合いになる。休日や夜には、ライブハウスで時折ジャズを歌っているのだと言う。骨董と、ジャズと。

一見ミス・マッチのような新鮮なこの取合せに、謎めいた人の底知れぬ魅力が横溢する。

私の棲む隣町で、薔薇の花を奥さまと育てているとも言うが、なんとその家の家主である詩人（元の住人）は、私の大変親しい友であったというのも奇遇である。（一度だけだったが、私はかつてその家に遊びに行ったこともあった。）

畏れ多くも、初めて店に伺った日に頂戴してしまった柳の豆皿を、私は箸置きとして日常に使っている。その豆皿の中を夕風が吹き、柳の枝が静かに揺れる。天には月が昇って、その余情は言いようもない。

ビスク人形（昭和時代）　高さ6.7cm

白羊《はくよう》くんのギター

ビスク（磁器）製の小さな女の子と男の子は姉弟《きょうだい》だろうか。動物らしきぬいぐるみを片手に、女の子はちょっとおしゃまで、向こうっ気が強そうだ。蝶ネクタイの男の子はもっと幼くあどけない。握りしめているのは、アイスキャンデー？　可愛いくって抱きしめたくなってしまう。

帽子やパンツなどは派手な塗料で雑に彩色されていて、後を見るとＪＡＰＡＮの刻印がある。どうやらこの人形は、かつての輸出向けだったもののようだ。何かの事情で国内に残り、ついにはこのビンボーな家の子になってしまった。それでも仄暗い家の小簞笥の上で、二人して愛嬌を振りまいてくれている。

日に何度も目にしている内、あっと気づく。この男の子は、この前会ったばかりの白羊《はくよう》くんにそっくりだ。

三歳の白羊くんはシンガーソングライターだけど、もしかしたら天使なのかもしれないと思う。

ウクレレを「ぼくのギター」と呼んで、彼は路上ライブを開く。

私たち何人か白羊くんの前に立てば、植込みにちょこんと坐ってギターを抱える。彼の父親がマイクに見立てた空のペットボトルを口元に持っていけば、ジャン、ジャジャンとギターを掻き鳴らし、何やら呟きのような、もごもごした舌足らずの声で歌が始まる。ぷくんとした手で弦を操作し、その歌声の合間に伴奏も入る。

白羊くんは口を尖らせ懸命に歌っているけれど、何故か私たちにはコトバが判らない。意味も、判らない。大人には、神サマの歌が判らない。

なんということだろう。二曲ほど歌って「またあとでね」とライブが終った。詞もメロディも白羊くんが作ったのだという。

たった一度、偶然に会っただけの、あどけない三つの男の子。

この次また何処かで会う時は、見知らぬ青年になっているだろう。一瞬にして私たちを至福へと連れ出した、街の一角の、あの不思議な時間。

部屋の片隅に置いた小さな古い人形に目を止めるたび、ほっぺの丸い白羊くんが現れて、今日ももみじの手でギターを掻き鳴らす。

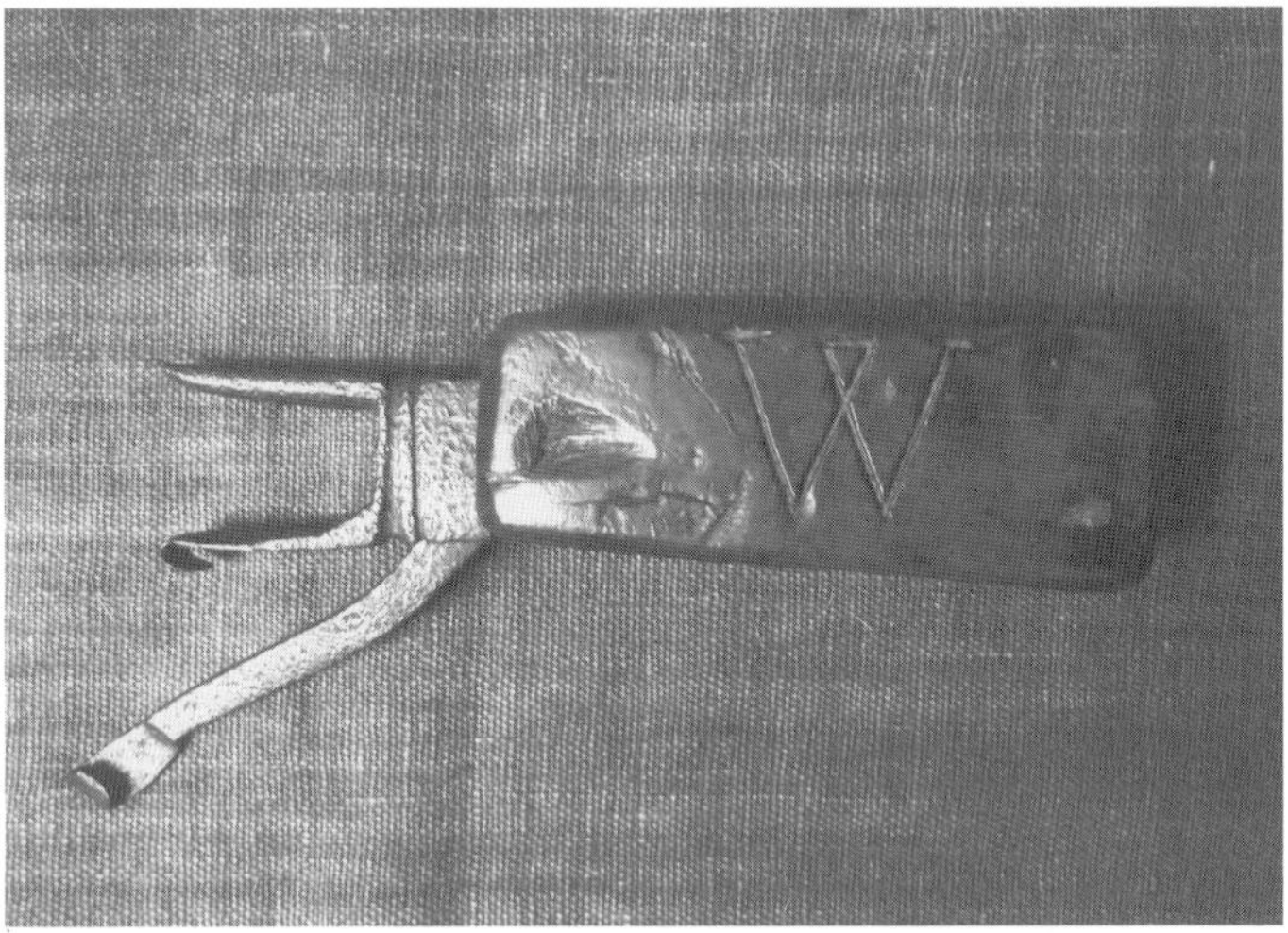

レース編み器　全長13cm

忘却の彼方から

おそらくそれは、ヨーロッパの古い一軒の家の暖炉の前で、永い間用いられてきた〈レース編み器〉。坐ればギィッと軋む籐椅子に腰かけて、何年も何十年も何かを待ちながら、年老いた婦人が日々編みつないだものなのだろう。

それを目にした途端モノクロームの映画の一場面のように、情景が立ち現れたのだ。その陰影の濃いポエジー。

それを何故私は二十数年も昔に購って、たちまち忘却の彼方へと置き忘れてしまったのか。戸棚の奥を整理しなければ、一度も憶い出すことさえなかった。

ずしっと重量のあるレース編み器を掌に載せれば、何かを言いたがっているのがわかる。長い物語の一片を、語りたがっている。かつて購入した時も、その声がひそかにたしかに聴こえていたのだ。

けれども、自宅に持ち帰った時点で、締切りや仕事の準備やらに忙殺されて、それきりになってしまった。

木片と鉄だけで作られ、木部の両面に「W」「T」と持ち主のイニシャルが彫ってある。その単純な文字が、実に素敵だ。

黒光りした木肌の味わいもたまらない。木の材質は不明だが、そこに嵌め込まれた鉄の〝爪〟もよく磨かれていて美しい。人の腕に似せた下部の爪は、木にあけられた長方形の空洞にくるっと折り込んで仕舞える仕組みだ。

その形状で複雑なレースをどのように編んだのか私には判らないが、手作りされ、愛された一個の道具の滲み出す声のようなものが、存在全容から渋くやわらかく発揚している。

全長13センチ。木の厚みは3センチもある。卓上に置いて眺めたり、握ったりしながらぼんやりもの憶う一刻。

歳月を身の裡にたたんで、本当は私の黙想を、ものが引き出してくれているのではないかと思い当たる。時に夢にも現れない懐かしい人が、ふとわがまなざしを横切って行くことさえあって。

私は視線を机上に戻し、頑健な角を持つ甲虫にも似たこのレース編み器を、重しがわりにそっと書きかけの原稿用紙の上に置くのである。

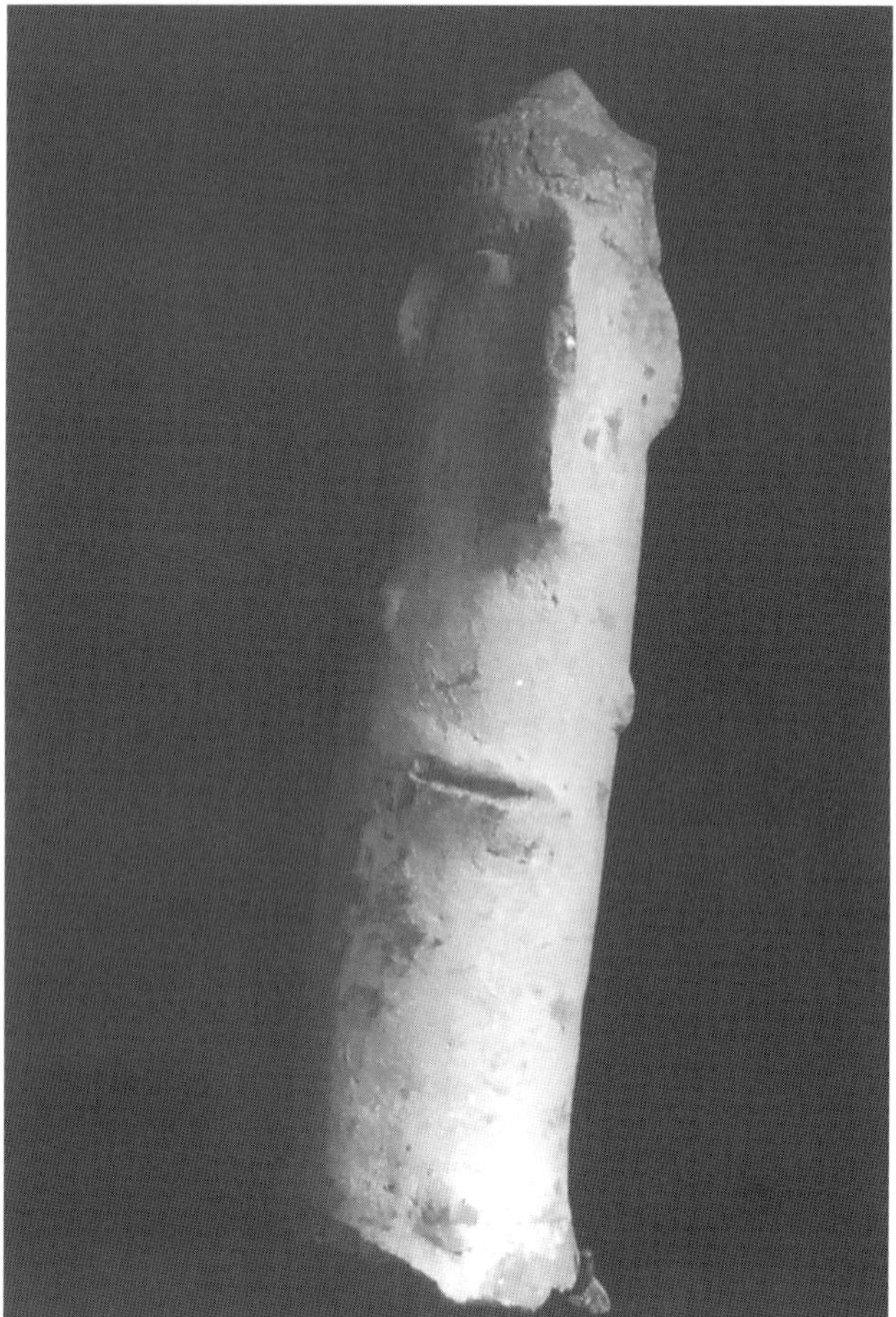

西アフリカ・マリ共和国・ドゴン族土偶（15〜16世紀）27cm
鶴岡善久氏旧蔵

神サマは急いで

そのひとは丸いちっちゃな瞳で、いつもどこか遠くを見ている。わが家の傷んだ塗箪笥の上で、ひっそりとここではない何処か、もっと遠く遠くを見ている。烈しい雨期と乾期を繰り返す、断崖に建つ村を見通している。開いたままの土の瞳は、故郷の空の涯てをその遠い目で見はるかす。

双眸の両脇に、平たい耳がある。何を聴いているのか、聴こうとしているのか。自分の生まれたアフリカ大地の、地響きの音を聴きとっているのか。

耳なんだけど、鼻みたいね、と、そのひとの頭部近くにも、土から生まれた祈りの形の二つの顔が在る。神々が土の姿を借りて、いま、ここに。いま、かの時に。西アフリカのマリ共和国。岸壁つづきの村の一角でそのひとは生まれた。ドゴン族の人は日干しれんがで住居の修復をしながら、面長のその土偶《ひと》も生んだ。生まずにはいられなかった。

守護神だろう。頭部の尖った帽子状のものまでいれると顔の長さは27センチもある。個性的な面長の顔だとしても、長すぎる。神サマの顔が面長すぎて困ることは何もないけれど、不思議な造りだなあと思う。

薄《う》っすらと開いた口許からは、何かが零れ出している。ふうっと息を呑んだような、いや息を吐いたような、やわらかな口の表情だ。もしかしたら歌を歌っているのかもしれない。心の奥の呟きが、口から外へと、ない声によって滲み出しているのか。詩の短かいフレーズを、おまじないみたいにそっと唱えているのか。この土偶と共に暮らすことで、身心に平安を取り戻した人々が多くいたのだろう。

かつては、詩人で美術評論家の鶴岡善久さんの所蔵であった。巡り巡って、何故私が如き貧屋へ招来されてしまったのか。

それは守護神であるそのひとみずからの尊い働きだったにちがいない。神サマは、必要とされる者の許へと心持ち急いで来訪されたのだ。

僅か十五分程の、時間調整に立ち寄っただけの、東京西荻窪の田螺《たにし》堂（分店）という古道具店で、まさか敬愛する鶴岡さん愛蔵の土偶に遭遇しようとは、人生のなんという妙味だろう。

硝子壜（昭和時代）径3.8cm

壜の中の耳飾り

二つの結社に入って俳句を書いている友人のまーるさんに黒田杏子さんの話をしたとき、「黒田杏子さんといえばね」と、打てば響く声が返ってきた。

〈小春日やりんりんりんと鳴る耳環欲し〉

とやわらかな声でそらんじてくれ、驚かされたことがあった。

その句は、俳句から遠くにいる私の目を開かせるにも充分な瑞々しさだ。星の数ほどもある膨大な量の俳句の中から、その一句をさらりと暗誦してしまう彼女の日常における詩精神の持ちようにも、改めて瞠目させられたことだった。

自分で購入したことはないが、わが家にも一組の耳環ならぬイヤリングがある。それをごく小さな古い軟膏入れの硝子壜に入れている。ブリキの錆びた蓋を開ければ、ニセダイヤの犇くそれがすぐ目に入る。中身より、この乳白色に少し透ける硝子の容器が私は好きだったのだと、まず外見《そとみ》に見とれてしまう。

直径4センチもないこの壜の小ささが、私にはとても好もしい。その中に小振りの耳飾りを入れるというのも、お気に入りである。

昔はミルク色した夢のような硝子を、こんな小壜にまで用いたのだ。本体に装飾はなく、蓋が付いているばかり。それを私はどこかの縁日で入手し、若い頃女友達から貰った耳飾りを仕舞った。

そのイヤリングには、金メッキの四角の台に25個ものダイヤが整然と並んでいる。光の角度で赤や青、金や銀にも燦めき、ニセダイヤといえどアンティークのような渋い魅力がある。

私ほど耳環の似合わぬ者もないと思うのに、その友はてのひらに、なぜこんな愛らしい飾りを載せてくれたのだろう。

たった一度だけこの耳に飾って祭りに出掛けたが、落としはしないかと気懸りで、耳にばかり手をやっていたことを憶えている。

その彼女もある時期、なぜか自分から連絡を絶ち、何処で暮らしているのか、今も杳として行方は判らない。このイヤリングだけが私の許に残されて、知的で華やかだった友人の俤《おもかげ》を見るように、時折硝子壜の蓋を開けることがある。

女人楽人俑（唐時代）　高さ27.5cm

風の舞

わが家に中国の古美術品は殆どないが、唐時代初期ではないかといわれる女人俑《じょにんよう》が一体在る。東京都内のギャラリー繭という店で分割払いにしてもらって、ようやく購った。二十五年も前のことだ。

知り合ったばかりの人にふとそのことを洩らしたら「俑はニセモノが多いからね。気を付けないと」と、思ってもみなかった言葉が返って絶句したことがある。

なんとこれは貧しい世界なのだろう。騙されないよう身構え、見極めて、いいものを購入するのが骨董の本道だとしたら、私にはさらさら無縁の世界だと思われる。

大切なのは真物か否か、ではない。私たちがそのものと真実出会ったかどうかではないだろうか。贋物は俑に限らない。縄文も李朝も伊万里も、人気に乗じて気づかぬうちに黴のごとくはびこるのだ。

わが女人楽人俑（舞姫と呼んでいる）は、ギャラリー内の隅のガラスケースにいた時も、誰が気づかなくとも独りひそかに風のような舞を舞っていた。

ああ、と思わず感嘆符だけが口から零《こぼ》れた。このひとはもう古墳の奥ふかくにいる楽人俑の一人ではなく、足さばきも軽やかな舞姫なのだ。

高く掲げた右の手は、窯中での事故か折れ曲がっているが、それさえも優美な所作のように見える。墨による彩色の名残りは、頭部の被り物や流れるような衣裳の襞に微かに見え隠れし、そこはかとない気品を醸し出している。

私の胸は動悸が止まず、黙したままただその前に佇ちつづけた。若く少女のように見えるお顔は、遥かな歳月を潜って、もう何かから抜け出している…。

「手と首のところが折れていて、修理されています」

初めて訪れたギャラリー繭の女主人のやわらいだ声に、緊張がほぐれ、救われていくようだったあの日。

いただきます、と言うも愚か、かくも浄らかな存在を、どうしたらわが貧屋に招来できるものか、咄嗟には何も言葉が出てこなかった。

権力者の副葬品であった暗い永い日々を脱け、舞姫であるひとは、破れ畳の家でさえ涼やかに今日も風の舞を舞っている。

硝子戸（昭和時代）

美しい戸と

この小さい借家に転居して四十年近い月日が経った。六畳二間、平家の古ぼけた家にこんなに永く棲むことになろうとは、当初思いもしなかった。玄関上がって台所兼板の間と、奥の畳の部屋との仕切りにベニヤ板の戸が付いていたが、私にはベニヤの戸ががまんならず、自分で取外してしまったことがあった。

それから春までのひと月ほどは寒かったが、藍染めの長い暖簾を吊って凌いだ。借家といえど、棲んでいる限り自分の家である。造作は変えられないとしても、持っている種々の道具で納得できる棲まいに変えたかった。

真っ先にしたのは、六畳と六畳をつなぐのに四枚の襖が立てられていたが（松の絵などプリントした襖紙にも耐えられず）、全部取外して幕末頃のまっ黒になった格子戸に替えた。それだけでも室内がどれほど落着いたかしれない。

しかし引き戸でなく、扉状《ドア》の戸の替わりとなるものが入手できるかどうか、私にはわからなかった。近年では、インテリア用の古材として格子戸など扱う店も現れたが、当時は殆ど目にしたことがなかった。それが春になって出かけた東京平和島での骨董祭で、偶然出会うことになる。

広大な流通センターでは気分が高揚して、何に焦点を絞ればいいのか、品数の膨大な量にも圧倒され、すぐにもお手上げ状態となってしまった。日本全国から数百の店舗がここに集まっているのだ。伊万里や人形を見て、古簞笥や壺、土器も見て、もう限界。何も考えられず足を曳きずって歩いた。

そろそろ帰ろうと通った会場の端に、もしかしたらこれかと思える硝子戸が、他の古民芸品に混じって一枚で立ててあった。

一瞬ドギマギした。

近づくと「待ってたんです」と硝子戸が言った。

「あなたの家に行きます」と。

確かにそう言ったのだ。

立っているその姿は、なんだか人のようだった。大正か昭和初期か。値段はいくらでもなかったのに、親切な店の人が配達してくれて、美しい戸とこの家で現在も暖かく暮らしている。

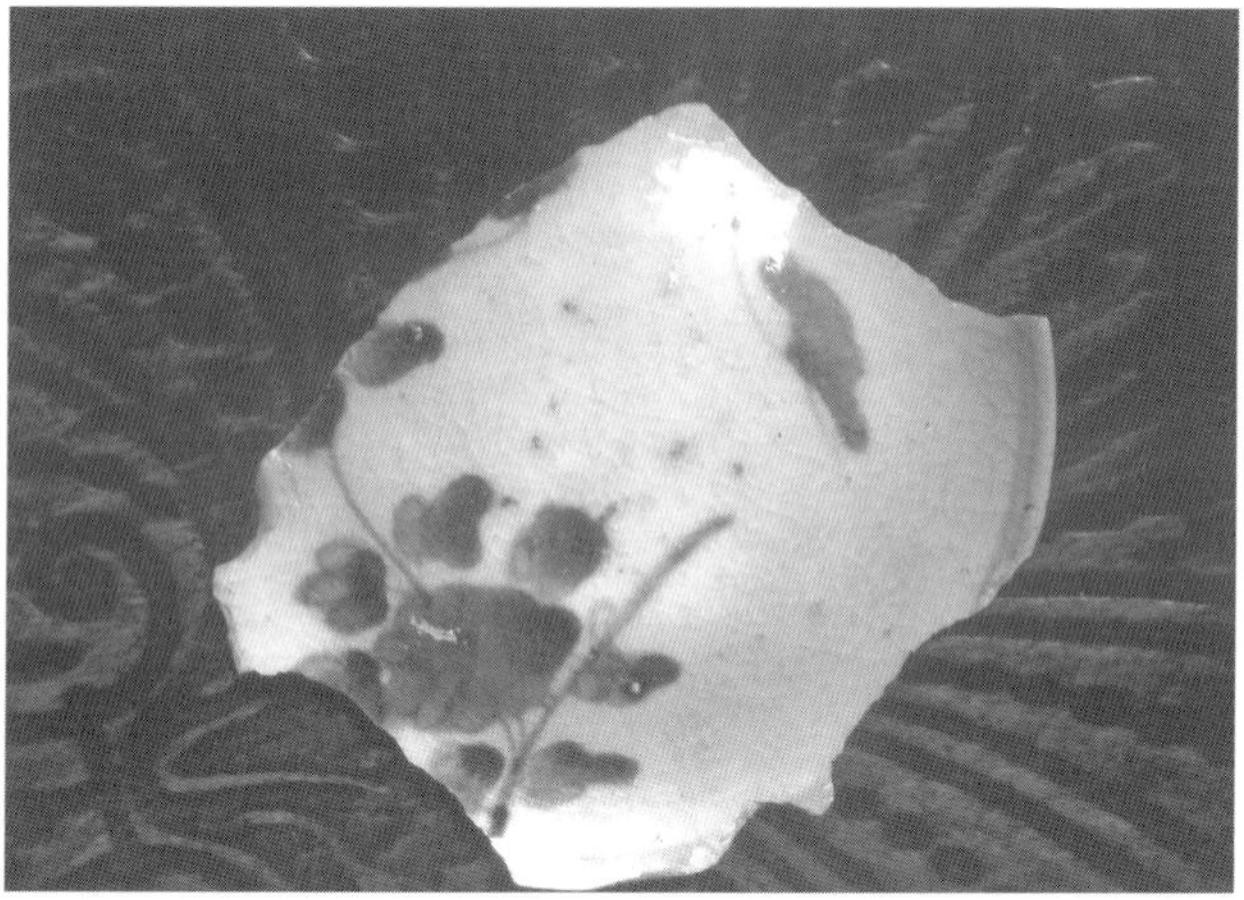

初期伊万里陶片（江戸時代初期）　最大径14.5cm

藤塚光男作（現代）　左の径18cm

蝶のいる風景

懐石料理とギャラリーの燈々庵（東京・あきる野市）に友人達と出かけた折、一階のギャラリーで初期伊万里の中皿を見つけた。

えっ、まさか…と声が出そうになる。

値札を見れば藤塚光男さんという作家の染付皿の一枚だったのだが、「まるで初期伊万里ですね」と店の人に思わず話しかけてしまった。友人達も、ほんと！と覗き込んでいる。

その染付図には沢瀉《おもだか》の花が左端に省筆で描かれ、草の根元からダミで太い横線が皿の端まで伸びているのは、水辺をあらわしているかと思えた。それらのなんにもない中空を、初期伊万里の蝶が飛んでいるのだ。

ためらわず持ち帰って、同封されていた小さな栞《しおり》を読むと、古美術評論家秦秀雄に師事、初期伊万里（江戸初期の伊万里焼）を目指して作陶に励む旨が書かれてあった。やっぱりと、それこそ声を上げてしまった。私自身かつて秦秀雄の著書に熱中し、初期伊万里に目の色を変えていた時期があったのだ。

藤塚氏のやきものは、初期の数々の遺品に比しても遜色のない、健康的な作品である。どこかモダンな匂いと、優しい風光がある。

しかし、いかに優れていようとも、それは〈初期伊万里〉ではない。初期に憧憬する藤塚光男独自の磁器なのである。

発掘された傷だらけの初期伊万里（中には高価な完品もあるのだが）を、日常遣いの食器とするには限界がある。そこに初期の瑞々しい精神を汲む、藤塚の現代の器が燦めくのではないだろうか。

抽斗に仕舞っていた菊と蝶の図の陶片を取り出して目にするとき、いわく言い難い清新の気が、瞬時に私の頬に触れて過ぎる。ああ、これだったのだと思う。

裏を返せば小さな三分の一高台《こうだい》で、重ね焼きのための砂が付着したままだ。ほの青い透明釉を被った表には、藍の呉須（染料）で秋たけなわの菊花と、滲んだような翅を織《こま》やかにふるわせた一匹の蝶。

何故惹かれるのかを想うとき、四百年昔の、慎ましくも神聖な香気によって、私たちに纏《まと》わる俗気の如きものを、払われていることに気づくからかもしれない。

上／白磁 鎬猪口《しのぎちょこ》（桂木一八作）
下／白磁 鎬《しのぎ》皿（藤塚光男作）　皿径16.5cm

白色のハーモニィ

何か月か前に、燈々庵のギャラリーで、藤塚光男さんの白磁鎬《しのぎ》手の中皿を見つけ購入した。

ほの青い透明釉も美しく、鋭利に削《そ》がれたはずの鎬部分の表面上のリズムも軽《かろ》やかで、丁寧に描かれた染付などとも一味ちがう魅力が溢れる。

鎬は、細い縦線だけを図柄とする、江戸の初期伊万里の頃から散見する技法だが、刃物で一本一本を削り出しながら、作陶家自身の自己を、一つずつ消していっている作業なのかとも私などには思える。そのような無作為の線が、束になって器面を被う単純な美であるが故に、私たちを強く魅了するものがあるのかもしれない。

私はギャラリーでその一枚を目にした時、それより四、五年前に千葉・柏市の器処くり原で求めた桂木一八氏の、やや大振りの鎬そば猪口を思い浮かべた。

それら二つの、作者の異なる器を上下にして、一客の珈琲の碗皿にする。

その発想は、私を子どものひらめきのようにドギマギと悦ばせた。

仕様は同じでも、よく見れば両者の作行きは微妙に違っている。それは当然のことだろう。

しかし、この組合せで客人に珈琲をもてなしたら、誰も疑う者はいないにちがいない。

胎土の違いや釉薬の調子など、艶消し風に見えているのが一八氏で、藤塚氏の皿はやや滑らかに透明釉を被っている。肝心の鎬部分も、皿は鷹揚に削られ、猪口はシャープだ。

二人は在籍した時期などずれるものの、金沢の九谷青窯（古美術評論家秦秀雄氏の長男である秦燿一氏が始めたといわれている）に、藤塚、桂木の両氏共所属していた同門なのである。

そのことを藤塚さんの個展で伺った時、ああ、やっぱりそうだったのね、と胸に深く落ちる思いがあった。

それにしても、素朴で健康的な器のなんと美しいことだろう。

木漏れ陽散る午後の窓辺の卓上で、淹れた珈琲を飲みながらこの碗皿に目を放るとき、その浄らかな白色のハーモニィは未だ飽きることがない。

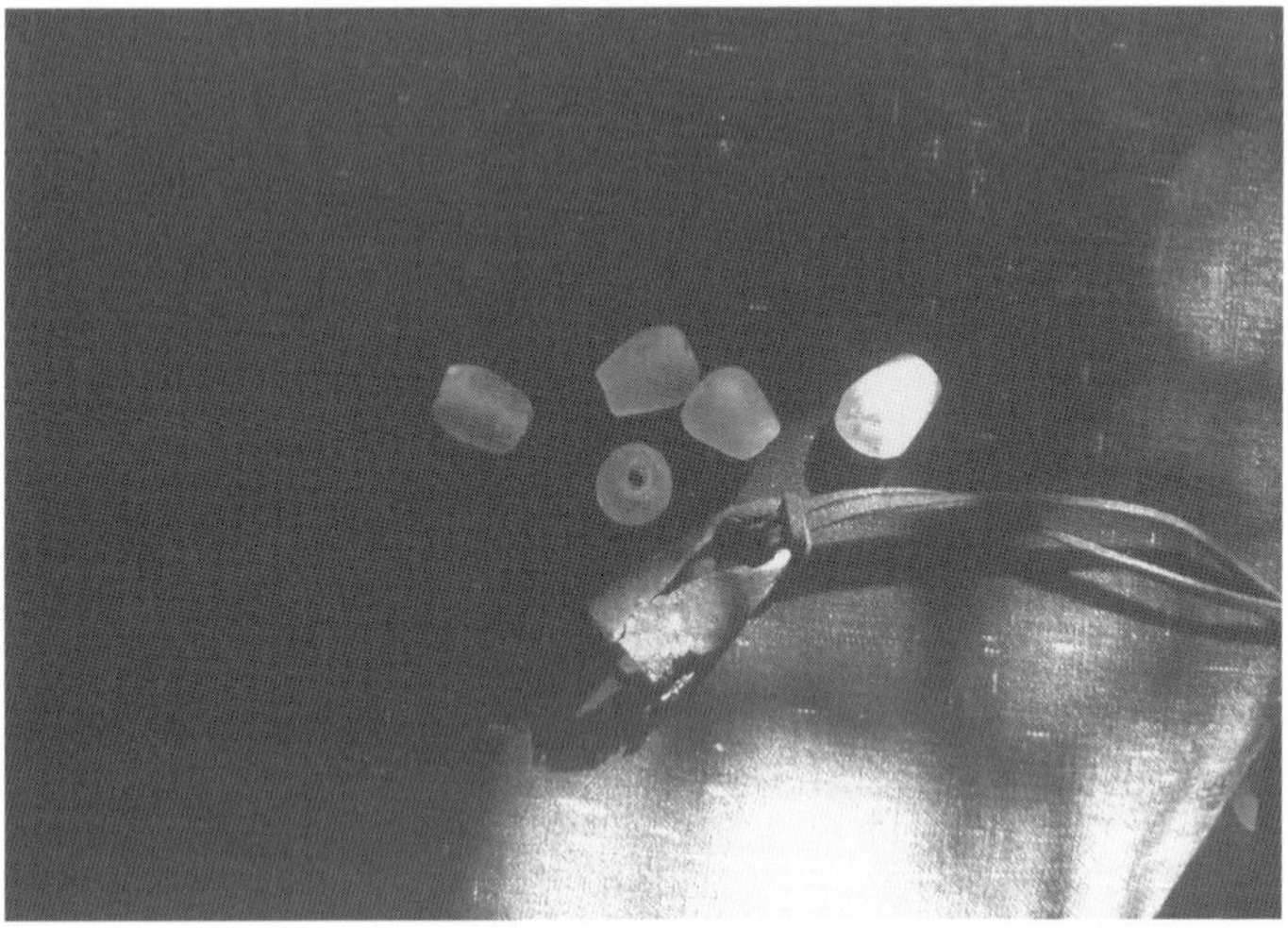

上　アフリカ装身具　硝子
中央　アフリカ神具の一部分（ナイジェリア）鉄　5cm

半世紀が瞬くまに

先日、友人数人で集まったとき、「何か素敵なものを見るのは何処がいい?」と一人が言った。

そりゃあ西荻(東京・杉並区)よ、と応えて「好きな店が何軒もあるもの。ほら、これは〝アンタイディイ〟で求めたアフリカよ」と、自分の胸元にネックレスにした飾りのトップを指差す。

いいわね、とか似合ってるとかおだてられて、私は登れない木に登ってしまった。

「実は、こんなになってるの」

古い鉄器が一部分崩れ、磨滅した吊鐘状の黒っぽい空洞のそれを、友人達に見てもらう。

暮らしのはざまにおいて、私たちは道具として用いられた鉄が、経年変化で千切れ崩れていくまで使いきったことが一度でもあっただろうか。そんなにも長大なとめどない時間を、発達した文明社会の、秒速の、便利に追い立てられる日々に認めたことなどおよそなかったにちがいない。

店の棚にさりげなく置かれていたそれは、細長い棒の先に五、六個同様のものが取付けられ、祭礼時に使われた道具（神具）なのだと、〝アンタイデイ〟の女主人は部厚い本の一頁を開いてくれた。棒を振ることで天辺のその金具同士が激しく衝突し合い、鈴のようにカラカラ鳴ったのだと思われる。

触ったらね、ほろっと縁からかけらがとれてくるの。

私の呟きに、一人があなたもよっぽどもの好きね、と言わんばかりのあきれ顔をしている。

そうかもしれない。私のもの好きはうんと年季が入っているのだ。好みというのはそういうことではないだろうか。私という人間の、大げさかもしれないが、これまでの全人生をかけて、たった一つのものに対面するのだから。そのものを選ぶとき、はからずものからも選ばれ、隠しようもなく私が露われてしまうのだから。そこまで行って、初めてものと共棲できるように思う。

歳月に風化し、その酷使で崩壊するものの過程が、何故私をかくも惹きつけるのか。ものがもので失くなっていく途上の、ある種極限の窶《やつ》れに美を見て、半世紀が瞬くまに過ぎ去ってしまった。

石仏（江戸時代）　高さ28cm

石仏余情

駅前にある一軒の不動産屋の駐車場の隅に、ある日突然、石仏が出現した。

そこは、砂利の敷き詰められただけの何の風情もない一画だったから、はじめはわが目を疑った。

それも江戸期のお地蔵さまで、高さが50センチはあるだろうか。少し腰を落として眺めると、わが家の玄関口に置いた中の一体にとても似ている。

双手を合わせやわらかくほほえんでいる姿は、いつ目にしても心が安らぐ。

わが家のは30センチもない小振りで、同じ人が作ったか、同工房のものかと思えるほどだ。

しかし、石仏とは、いったい何があったのだろう。

それとも重い石をぽんとただ置いただけ、ということだろうか。日が経ってもその周囲に草花を植えたりする様子もない。

普段はその傍に車が停っていたり、ガラーンとしているばかり。なんだか寒々しく淋し気に見える。チェーンが巡らされているので通行人は近寄ることもできない。

私とは何の関わりもない、不動産屋の駐車場での出来事に無関心でいられないのは、ほかでもなくそれが時代の古いお地蔵さまだからだろう。私はそのすぐ横を、日に何度も通る。立ち止まることはないけれど、そのたびに心の中で手を合わせる。

鎌倉在住の頃は、市内の裏道をよく歩いた。観光客もまだ少なく、一人での散策も、友人たちと歩くのも娯《たの》しかった。

切り通しの辺りや、辻、辻にひっそりとその付近を護るかのように、苔むしたり、顔面のさだかでなくなった優しい姿の野仏が散在していた。崖や樹木や草花、やわらかな風光に融け込んでおわします、野仏の佇みの懐かしさ。

ただ道を歩く。

そんな者にさえ、もたらされる慈しみを想わずにいられなかった。

鎌倉の野仏は、いつまでも野に在るだろうか。鎌倉から遠くなって、かつての鄙びた〝鎌倉〟を憶う。

駐車場の地蔵も、わが家の地蔵も双手を合わせた合掌のかたちをしている。もしかしたらこうして石の仏から祈られているのは、煩悩多き衆生としての私たちであるのかもしれない。

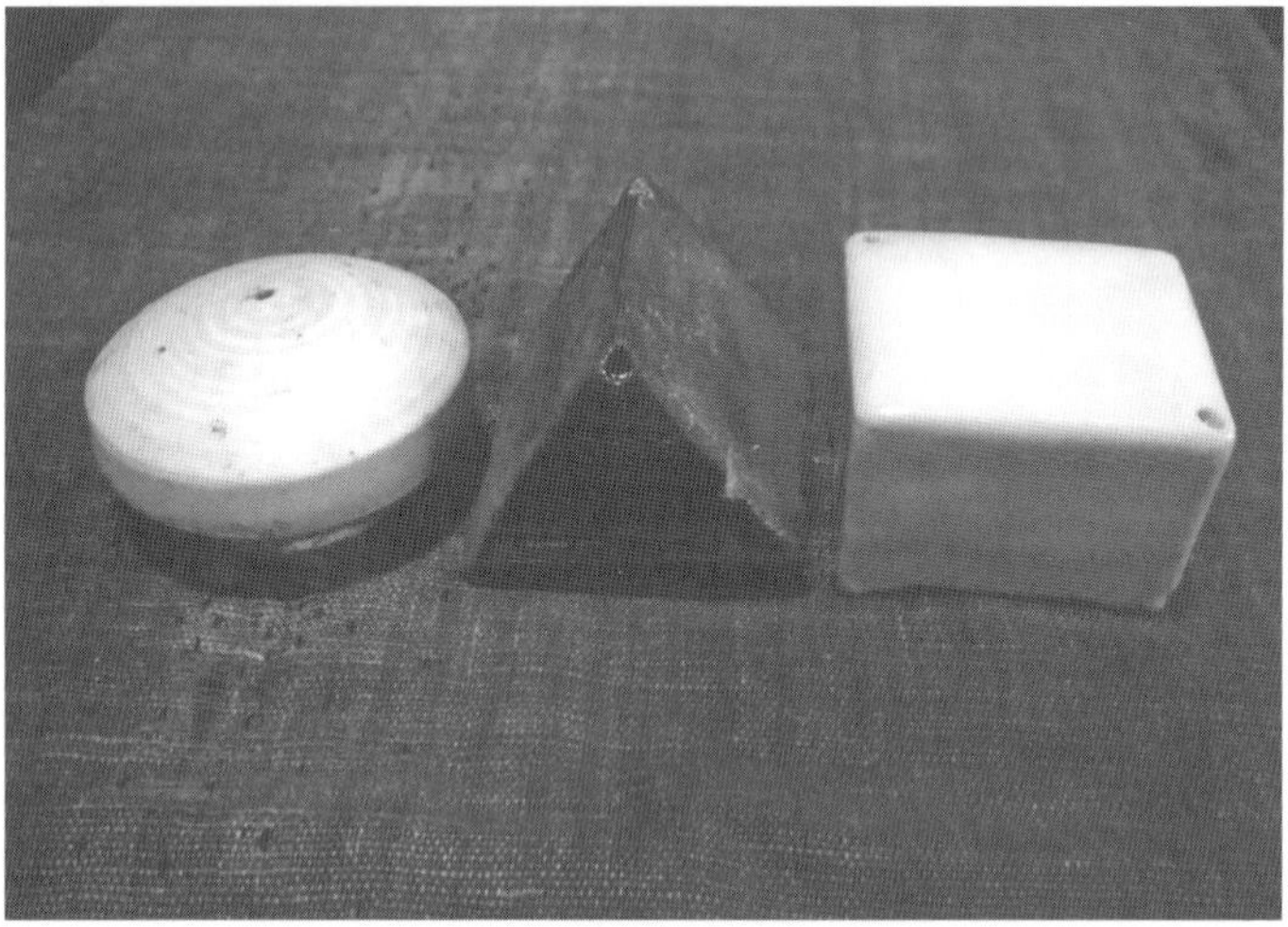

左／李朝（後期李朝時代）　中央／今泉兼満作
右／瀬戸（明治時代）　径5.3cm

三つの水滴

骨董といえばということになるけれど、私は今も自分を蒐集家とは思わない。伊万里のそば猪口はいつのまにか百個ほど集まってしまったが、それらは結果であって集めようと思ったことは一度もない。

普段私は主に書のしごとをしていて、水滴はよく使う。美と用を兼ねそなえた水滴は大好きだけれど、高価なので一、二個あれば十分と思っている。

日頃使っているのは、豆腐を四角く切ったような瀬戸の白磁で、水量がたっぷり入る。ものぐさな自分にぴったりなのだ。私は仕事机を持っていないので、夏以外はたいていこたつ台の隅っこにそれを置いている。

数年前ふと魔が差して、東京西荻窪にあった古美術砧（'19に閉店）で、李朝のまるい水滴を買ってしまった。

この白磁は、肝心の水を注ぐ口が欠けている。水を入れると、半分になった口から水が零《こぼ》れ出てしまうのだ。

実用的とはいえなくとも、まるくて平らな姿や、表面の渦文が実に魅力的なのである。その渦の線刻は、さまざまな太さで人間臭く、そこの窪みに上釉が入り込み、紋様が浮き立って大層美しい。

ただその表面の透明釉が、なにゆえかこすり取られていて、窯中での細かな落下物が付着していたのかもしれないと思われる。裏を返せば、高台まわりは焼成時の大きめの砂利がごつごつとくっついたままだ。なんとも武骨ながらも愛らしくて、いくつもの欠点が御破算になってしまう。

一口に白磁と総称しても、瀬戸の水滴はみぞれのような薄いグレー系の白であり、やや青味がかった李朝の方は、コクのある引き締まった白だ。

二つ並べて、三角のもあった筈と憶い出し、戸棚の奥を探ると、昨年亡くなった畏友今泉兼満氏の焼締め陶が出てきた。テント型をした三角型の水滴は、大胆不敵な造りで、ざらついた土の魅力が横溢する。丸、三角、四角とわが水滴は、まるで仙厓和尚の図のように台上に勢揃いした。

思いがけなく今泉陶にも再会でき、私より二つばかり若かった芸術家の早すぎる死が、今さらに惜しまれてならない。

越前水甕（幕末）　高さ65cm

越前の水甕物語

カラカラリン、と玄関の鈴が鳴って出て行くと、大封筒を手にした宅配便の女性が越前の甕を覗いている。

「涼し気で、思わず金魚を見ていました」と弾んだ声が返って、しばし二人で赤い和金の魚影を追う。彼らは店で求めて来た時の三倍程の大きさに育ったが、幕末頃の水甕は高さが65センチもある大振りのものなので、ここに棲む二匹は悠然たるものだ。

去年まで金魚は四匹いた。ある夜更け不審な衝撃音がして、翌朝二匹が被害に遇ったのを知った。

人の話ではハクビシンの仕業だろうという。一匹の姿はなく、もう一匹は頭だけになって甕の傍にころがっていた。難を逃がれた他の二匹もよほど恐かったのだろう。しばらくは、私が開閉する玄関の戸の音にも怯え、甕底に潜って出て来なくなっていた。

ダンボールを丸く切り、ビニールを被せて雨除けも兼ねた蓋を作ったが、空腹の野獣からはその程度では守れないだろう。気安めと思いつつ、迷惑客の来訪のないことを祈るばかりだ。

これまで三十数年の間には、越前の水甕物語といえるほど、甕と金魚たちにいくつものドラマがあった。先代の金魚には目の見えない子もいた。だが実は、その金魚が一ばん長生きをした。最後の一匹になってからも、丸三年生きたのだ。

目玉の上に厚い被膜をかぶっている盲いた金魚からは、私の姿が見える筈はない。それでも見ようとしているのがわかった。玄関の引き戸を開けて傍に立つと、彼はすぐに寄って来た。

そおっと、その子の開いた口に餌を落とす。大半の餌は少しずれて水面に散らばってしまう。

あ、ごめんね、ずれたね。

彼はそのことに怒りもせず、ゆっくり遊泳しながら餌を探す。何度も私の近くに寄って来て、歌うように口を開けながら、終日かけて餌を探すのだ。家の出入りをするたびに、他の誰にも聞こえない声で私はその子に話しかけた。

金魚たちの生命を繋いで、わが家の玄関には沈思黙考する越前の大甕が泰然と在る。

瀬戸茶碗（室町時代）　径17cm

朝の一刻の

その店のガラス棚で目が合ったとき、まるで野武士のようだと思った。それにしてもなんと豪放な茶碗だろう。あたりを圧倒するような堂々たる風姿は、「古瀬戸ね。室町？」と呟くと、古美術砧の店主は「うーん。室町はあるでしょう」と微笑む。これを茶碗だと言える人は、果しているだろうか。丼か、鉢か。手にすれば、ずしりとした重量が伝わる。

口径の最大が17センチあって、最小は14センチ。つまり、円型であるはずが歪みのために縦長になっている。見込みは深く、高さ8センチほど。この歪みは、織部のようにあえて歪ませたのではなく、窯中での事故だと思える。発掘の風化の痕跡が、器の全体に拡がっている。くっつきの跡や胎土の露出もあって、お茶人は顔をそむけるにちがいない。お茶を喫《の》む際の、口縁部のおよそ半分ほどに金繕いが施され、残りの口縁部もほろほろと透明釉が削げている。

欠点ばかり並べてしまったが、まるで大壺と対面するかのような、力感溢れるこの存在感といったら！

ここにこうして静謐に在ること。それは、大宇宙に釣り合うといってもいい。

何の迷いもなく譲ってもらって、二十年近く経った。

久し振りに戸棚から取り出し、台所で薄茶を点てる。畳に坐って喫んでいると、心中にうずくまっていた何かが、ぱっと解き放たれる心地がする。苦難災難をその満身に振りかぶって、この揺るぎのなさはどうだろう。

朝の、爽やかなお茶だった。

喫み終えたあと、見込み（碗底）のぶつぶつした〝あばた〟状の箇所に、お茶の細かな泡が付いたままで、消えない。器の傷みを、そっとお茶の泡がかばっているかのようだった。

ずい分以前の私の書展時、気が向くと夕刻には来場の人に薄茶を差し上げていたことがある。

茶碗も幾つか持参していて、ある女性陶芸家にこの古瀬戸でもてなしたが、どうぞとテーブルに置いた途端、わあーっとどよめくような声が彼女から上がった。

器の説明など私はしない。けれども、おのずと器が人を選ぶのかもしれないと思える一刻だった。

手織り木綿（明治時代）著者による手縫い札入れ等
汲み出し碗（福森雅武作　現代）

針を手に

私は藍染めの古木綿が好きだ。

どこかの店先きや縁日で目にすると、理窟抜きで手に取ってしまう。手が、一方的に古布へ吸い寄せられていくのである。

衣類や夜具に仕立てられ、日用に使われてきた藍色の一様でない微妙な美しさは、おおよそ近現代の化学染料の比ではない。

二十数年も前、千葉・房総半島の山中に在る小さな美術館で、古雑巾の展覧会があった。

それは、藍染めを用いた木綿や麻布が、日常に使い古されたのち、遂に雑巾になったもので、一人の女性がそれらを一括保存していたのだという。端切れを縫い合わされた布は、時の推移の中で、引き算されてきたものがもつ潔さに、ひときわ痩せて美しかった。

館内では、藁混りの土壁から床板にかけて、点々と雑巾がピンで止められ、私たちはその雑巾の隙間の床に座り込んで、満天の星々とも見える藍や紺、浅葱の空に紛れた。自分たちも天体の微小な一部のようだった。

あの日の、洗い抜かれ、くたくたになった雑巾による〝洗礼〟は、何十年経とうと目の大事な尺度となっている。

〝藍生〟の誌上に、「ラジオ深夜便」での黒田杏子主宰の、『もんぺの箱』というインタビューが再録されていて、主宰は当初、藍染めの古木綿を身に纏っておられたことを知った。大塚末子氏仕立ての、着物をアレンジしたようなコスチュームは、ごくシンプルな無地や絣で一層きわ立っていたのでは、と私はうっとり思い見ている。

まったく偶然のことなのだけれど、かつて私自身もほぼ同型のものを自分で縫ったり、古い野良着を見つけて使い勝手のいいように改変し、十五年ほど家の内外で着ていた時期があった。

しかしそれは、コスチュームという認識ではなく、生活困窮の末の苦肉の策なのだった。人並みな洋服などとても買えなかったこと。洋裁は出来なくとも、針を手に直線なら縫えたこと。そんなささやかすぎる日々の工夫も、またたのしからずや、だったのだと、若かった日々を憶い出している

瀬戸石皿（明治時代）　40cm

花を抱いて

あれは初夏の、強い陽ざしの午後だった。

用あって電車に乗り、友人宅に向かった。そこの二階家の入口付近で、繁茂した樹木に何気なく目を放つと、白っぽい小花が蔓状の茎にほつほつと開花している。どこかで見おぼえのある花と思った瞬間、〈スイカズラ〉という名が私の口からポンと出てきた。近頃では殆ど目にしないが、たしか薫りが佳かった筈。しかし、近づいて嗅いでも口唇状のその小花からは芳香がしないのだ。

気づかなかったという友人と、再度木の所へ行って眺める。花好きの友はすぐに手折って、瀬戸の大きな石皿に水を張った。とろっとした白っぽい釉をかぶり、何の模様もない明治期の頑健な石皿は、蔓ごとすっぽり花を抱いて、深い深い呼吸をしたようだった。

「いいわねえ」

思わず二人して声が出た。部屋に清爽の気の満ちていくのがわかる。

「忍冬って、確か書くのよね」と言いながら卓上の花に目を止めると、今しがたまで蕾だったものが音もなく開花している。薫りも幽《かそ》かに漂い出していて、人工の香とは別趣の、なんともあえかなゆかしさだ。

「やっぱり忍冬《スイカズラ》にちがいないわ」と声をあげると、友人は忽ちスマホで検索を始めた。小さな画面には花の写真も出て、夕刻に芳香を放つそうだ。山野に自生し、常緑であることから〈忍冬〉と書くらしい。

正確な花の名が判ってよかったと思いながらも、簡便な利器を持たない私は、微小のトゲほどのひっかかりが残ってしまう。暫くは不明のままでも、勢いある清楚な花の蔓を、心に拡げているのもいいものではないだろうか。すぐ判るのは、すぐ忘れる、なのでは、と調べてくれた友に感謝しつつも思ったりした。

一つの答に辿り着くまでの時間や過程がいいのだと思う。よそ見するのも嬉しいのだ。

目裏のどこかで、ちらっと真白い小花が揺れる。そのまわりを風が吹く。そこはかとない香も漂って、おぼろな花が露われては消える。そんな記憶の小箱を、最新の機器によって私はまだ失くしたくないのかもしれない

左／カフェオーレボウル（フランス）
右／同（ベルギー）　径15cm

鰻丼の夕べ

異常な猛暑つづきの八月半ばに、なんとわが家に白焼きされた二尾の鰻が届いた。それも名古屋の大学で教鞭をとっている、年少の友人姜秉國《カンビョンク》さんからである。

年々高級魚となっている鰻は私の口などにはまず入らない。彼からの残暑見舞かと有難く頂くことにし、すぐさま友人の高田さんに連絡。「今夜鰻丼にするから来てね」と声をかけると、ギェーッと仰天の声が返ってきた。今や鰻は私たちにとって、それほどのものなのだ。

土鍋で、これまた友人から貰ったとっておきの白米を炊く。栞にあった通り、冷凍の白焼き鰻を、添付のタレにお酒を加えくつくつと煮込んだ。まもなく高田さんは、粉山椒とビール片手にいそいそと現れる。

わが家には丼らしい器がないので、咄嗟にヨーロッパのちょっと古い、大振りなカフェオーレボウルに盛りつけてみた。これが鰻丼初体験なのにいけるのである。とろりとした白釉の肌は、陶器と磁器をミックスしたような魅力的な風合いで、永年の使用によってところどころ褐色のシミシミになっている。その様相がなんだかたまらない。大らかな形とその色合いに魅せられて、五、六年前別々の店でつづけざまに買った。写真左側のフランス製の方が古くて二百年近くが経っている。右側はベルギーの作で、価格もフランスの半分の安さだったと手帳にある。

それにしても思いがけず愛知県豊橋産の鰻が似合ったのは嬉しい事件だった。口径はどちらも十五センチ程で、ベルギーの方がやや丸っこくて大きい。この大きな寸法の器で、ヨーロッパの人々はみなカフェオーレをたっぷり注いで飲むのだろうか。それとも私たちの国の抹茶碗のように、底に少な目に注いで、この懐ぶかい白い器の、余白をも味わうのだろうか。

「こんな旨い鰻ってちょっとないね」

「ぜいたくだね」

「姜さん、有難う！」

私も高田さんも鰻に酔い、缶ビール一本でコロナも猛暑も吹き飛んでしまった。

姜さん、有難う。

もう何度言ったかしれない、極上の夏の夕べ。

常滑経塚壺（平安時代末期）　高さ33cm

夢の世を

三十代前半のころ、古常滑《ことこなめ》の経塚壺を大小三個も一、二年の間に購入したことがあった。経塚壺というのは、平安末から鎌倉期にかけて、各地に建立された経塚に、写経された経文を筒に入れて納める壺のことだ。その上から大平鉢《おおひら》で蓋をして、塚に奉納される。

骨董店では殆どお目にかかれない経塚壺に、何故私は、忘我の心地で熱中したのだろう。

それは一言で言うなら、埋蔵されるために造られたこれらの壺が、比類なく美しかったからだ。底部は引き緊まって小さく、胴は豊かに張り出し、天に向かってすっと伸びた口造りの優美さといったらなかった。轆轤《ろくろ》の技は豪快で動きがあり、窯中での自然釉が壺の肩に雪崩れ落ちている。

写真の壺は、信楽《しがらき》に似た明るい土が魅力的だ。灰被りの緑釉がやわらかく肩辺りを覆っている。

タテヨコ共33センチ程の重量のあるこの壺を、私は東京の平和島での骨董祭会場から、一人鎌倉までかついで帰った。ダンボール箱にぐるっと太紐を掛けてもらい、モノレールや電車を乗り継いだが、小柄な私がダンボール箱に曳きずられるような恰好は、さぞや滑稽だったにちがいない。

自宅へ持ち帰る前にふと思いついて、鎌倉在住漆芸家の田中敏雄氏宅に立ち寄った。骨董の師とも仰いだ目利きの人に見せたい一心だった。

突然の訪問にも田中さんは笑顔で迎えて下さり、有頂天で私は紐を解いた。

「やあー、いい壺だ」

田中さんの声が弾んだ。それからのひとときのことは、至福の時間として現在《いま》もわが胸中にある。

「こんな壺なら部屋の隅にいつもころがしておきたいね」

日々のふとした折に、彼の言葉が蘇る。

私は初期伊万里や古伊万里の猪口などにも夢中になったが、それは時折お邪魔して見せてもらっていた、田中さんの優れたコレクションの影響だったと思う。

その日、初期の高台付秋草文の小ぶりの猪口に、甘露のお茶をご馳走になった。可憐な草花に光が射し、目に見えない風が微かに葉を揺らして流れる。飲み終えた掌の上で、猪口の裏の図に目を放《や》れば、染付の蝶が一匹夢の世をひらりと音もなくよぎって消えた。

グレゴリオ聖歌楽譜（15～6世紀）　羊皮紙

古いスピーカーから

木製の大きな古いスピーカーから、グレゴリオ聖歌が流れてくる。水屋箪笥の上部にスピーカーを載せているので、その清涼な合唱の響きは、天上より降って来ているのかと思う。緩やかに寄せては引いて行く波のようだ。

神に帰依した修道士たちによる合唱の、冒し難いその気韻。妙に懐かしく、心が鎮まってゆくのは何故だろう。

私自身クリスチャンでなく、グレゴリオ聖歌にことさら興味を抱いていたのでもない。しかし、かつての子ども時分の日曜学校や、高校生だった私の〝洗礼〟への戸惑いと挫折が、記憶の層から細かなあぶくとなって浮上してくる。

明確な意志も持たないまま、山中の池のほとり、私は誘われて列の一人となっていた。

「はい。順番に並びましょう」

神父の呼びかけの意味するところが解らなかったわけではない。深緑に沈んだ小さな池の辺りには、どこからか高みより一条の光が射し込んでいた。あの神々しい白い光だけを、稀に憶い出すことがあった。

おそらく並んだ一人びとりは、あの光に打たれたのだ。

決意しきれぬまま私の番となって、その長い列からそっと外れた。それより術がなかった。

時折通っていた東京目白の古道具坂田で、壁にピンナップされた大判の楽譜らしきものに目が止まった時、予備知識などないのに、これがグレゴリオ聖歌の楽譜なのだと思った。
十五、六世紀という中世に、なめした羊皮紙に書きとめられた楽譜は、汚れなど多少滲んでいても、私には浄らかに見えた。ラテン語だという装飾文字の並びも、端正で美しかった。音符は、黒く四角形や菱形に塗られていて愛らしい。それらの音符たちを受け止める横線は、四本しかなく、ト音記号もまだ現れていない。読めない文字や音符の流れを目で辿るうち、聴いたこともない荘厳きわまる歌の調べが、楽譜から零れて来る気がした。

小止みなく寄せては返す波の営為の、潮騒のごとき聖歌に心を委ね、若き日の、池から沸き立つようでもあったあの白い光を憶う。

柱時計（大正頃～昭和時代） 65cm

遠い時の彼方へ

暮らしの道具の中で私が一番初めに購入したのは、ボーン、ボーンと時報を打つ古い掛け時計だ。

その昔、友人宅の広い居間で鳴っていた、八角時計が忘れられなかった。黒い艶を帯びた木製の箱も美しかったが、ボォーンと打刻するその深い響きは、現実から遠い時の彼方へと連れ出されるような想いに誘われた。

ネジを巻けば、休みなく時を告げてくれる。チクタクという、その単調な音色。静かにその音が室内を満たすとき、何か生きて動いているものの鼓動のようで、安心感に包まれていたのを憶い出す。

今わが家の壁面や柱に掛かる明治や大正期の柱時計は三台しかないが、いずれも永年この家で動いていたものだ。

「あ、時計の音がするね」と電話をかけてきた友人達が受話器の向こうで面白がっていたが、いつしかひんぱんに止まるようになり、現在はどれも動かない。時計は動いて時計なので修理に出すと、店では普通に動いているからと返品されてしまう。しかし、家の元の柱ではどうしても動かないのだ。だだをこねているみたいな時計に少しうんざりして、もう一台あった明治期の柱時計を、「壁飾りにして」と友人にプレゼントしたことがあった。するとマンションの壁に掛けたら動いていると言うのだ。

そこでついに、私自身も悟ることになる。時計はどれも故障していないと。わが古家が、地震もあって時の流れにいつしか傾き、その微妙きわまる傾きを、時計自身が嫌がっているのだということを。

嗚呼！　いつかいつか掛け時計たちが悦ぶような、壁も柱も真っ直ぐな部屋に私も棲める日が来るだろうか。そしてそれぞれの部屋で、やわらかい清冽な音色で時を告げてくれるだろうか。

時計がなくとも、〝時〟そのものは永久に熄《や》まない。

けれども、身近かに大切な〝時〟を感じさせてくれる、道具としての時計がやっぱりほしくて、今どきの、鳥の巣箱型をした白い鳩時計を卓上に置いている。時間になると戸口に小鳥が現れ、ポッポーと鳴いてくれるのも、なかなかいいものだ。

右　ローマングラス深皿（1~4世紀　シリア出土）　径17.7cm

器の幻

技術不足を棚に上げて、私は自分の撮るモノクロ写真から、彩りを感じたいと思ってしまうことがある。色彩としてはあらわれなくとも、そっと手を出して掬うように、あえかなその色合いをフィルムに焼き付けられたら、と。

モノクロ写真は彩りの微妙さというよりは、黒と白との階調によって本質があらわれる。無いものねだりをしているのだと頭では解っているのに、それでも祈る心地でシャッターを押す。

写真右の、深皿型のローマングラスは、半透明の薄青いうぐいす色に沈んでいて、その硝子の表面から、絶えず醸し出されていたかそけしというほかない韻きが魅力の器であった。目にすればあっと小さく声が洩れ、そのものに触れることさえ躊躇《ためら》わせる何か、が、残念ながらこの写真には写っていない。

紀元一～四世紀頃の、古代硝子を過去形で書いてしまったが、およそ類品の何点かは世界の何処かに存在するとしても、このローマングラスはもう何処にもない。

かつて壁際の簞笥の上に飾るでなく、ただ置いていた。わが家の二匹の老猫が次々に世を去って、それ以来もの達は三年近くそこを動かず、私の傍らに在った。その静穏な日常を、保護され、この家にやって来た一匹の仔猫によってぶち毀されてしまったのである。

家中を駈け巡っていた仔猫の壁からの転落事故により、器は幾つもの破片と化してしまったのだ。

それは私の責任であり、出しっ放しにしていた私自身への罰だろう。好奇心の塊である仔猫に、怪我がなかったのは不幸中の幸いであった。

鋭く尖った痛々しい姿に変貌した大小のカケラを拾い集め、私は空箱にそっとそれを仕舞った。渋くも華やいでいた銀化の皿の、いわく言い難いものを纏っていた、あの煌めき。

どうにもならないとしても、事故の前にせめてあのかそけきものを撮りたかったなと思う。写らないと判っていても、そう思う。

今は私の眼窩の内ふかくに、器の幻だけがやわらかな光彩を弾いて、ひっそりと鎮まっている。

II

人形の桃子と

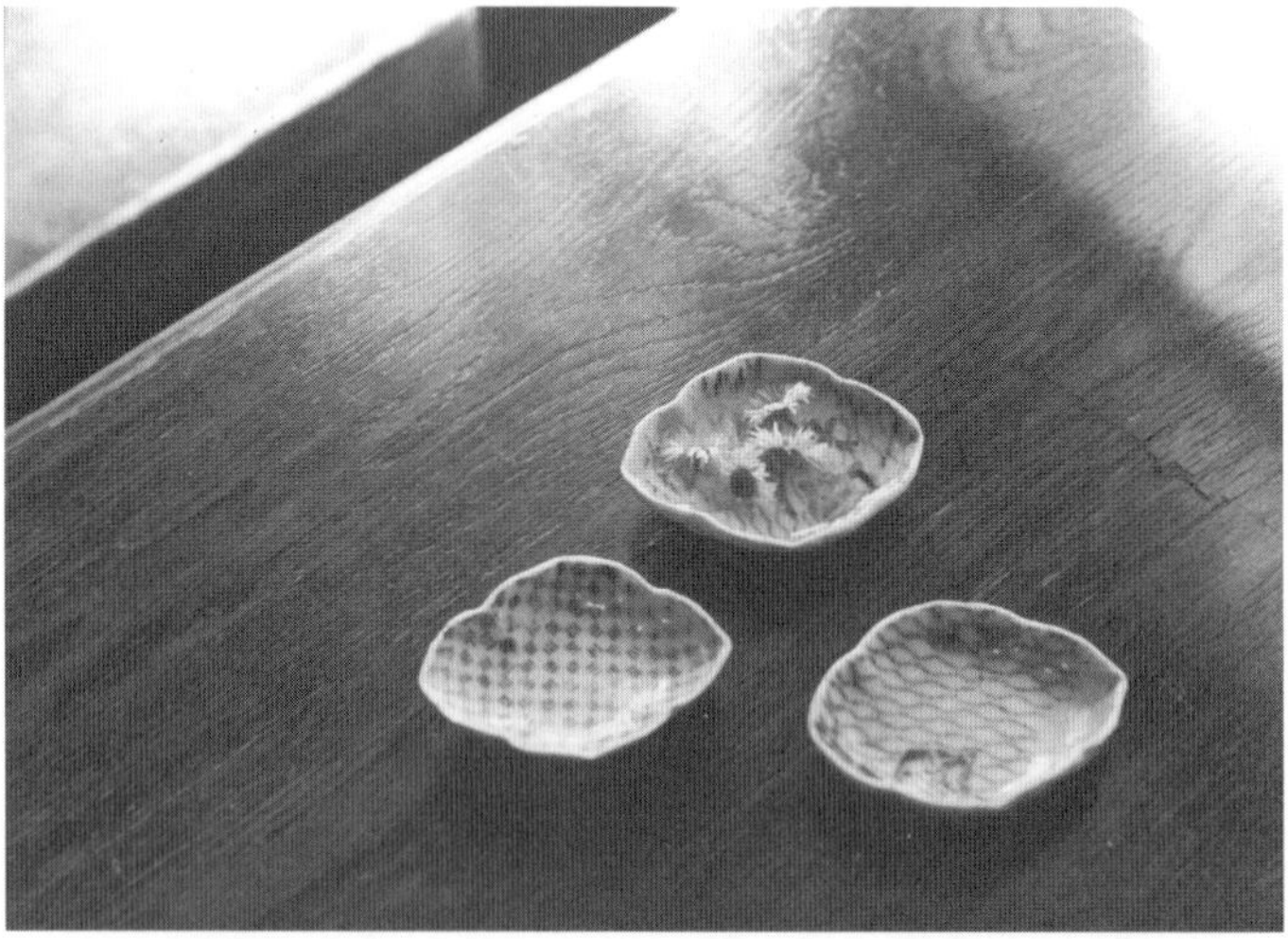

印判手豆皿（江戸時代中期）　径7.5cm

草摘みに

最近では卓上での出番が少なくなったが、古い印判手の豆皿が図柄ちがいで何枚かある。

明治期の印判と異なり、江戸中期頃の型物で、一点ずつ手作りされたような素朴な雅味溢れるやきものだ。最大でも径が75ミリ程しかないので、箸置きにしたり、ちょっとした佃煮や酢のものを盛るのに重宝する。形の愛らしさや、紙で転写された藍呉須の濃淡の微妙な変化にも、目がなごむ。

その豆皿を最も頻繁に使ったのは、はるじおんやひめじょおんの野の花の甘酢漬けだ。

かつては春到来と共に草摘みに、近辺をいそいそと歩いた。町中なので山菜は見つからないが、はこべやなずな、かきどおし、クコ、たんぽぽ、桑などの新芽や花はすぐに見つかる。稀に空地でアカザやシロザを発見すると、栄養価も高くほうれん草より美味で得した気分になったものだ。

たぶん私は、草の目、草の手を持っている。何処を歩いていてもかなしいかな、いや、嬉しいかな、自然と目は食べられる草を探してしまう。

友人たちが遊びに来るといえば、朝外に出てはるじおんの花などを摘んできた。洗って湯がき、甘酢に漬けるだけ。料理ともいえないが、この印判手の豆皿にちょんと盛ると、繊い花びらを閉じた花や蕾がなんとも可憐で、食べてしまうのが惜しいほどだ。

「うーん、可愛いいわね」

「意外といける」

等々友人たちは面白がって味わってくれた。

嚙んでいると菊花のようなコクと馨《かぐ》わしさが口中に拡がる。春は葉っぱを買わないのよ、と言って笑われたりしたが、もしかしたら草の調理は、子どもたちが遊ぶ〈おままごと〉の延長なのかもしれない。摘むことから調理して食べるまで、なぜだかとてもワクワクする。

低い家並みのアスファルトの道で、ろう石を握って絵を描いて遊んだ記憶は残っていても、大阪の、土も草も見かけない住居の周辺で幼年期を過ごした私は、ままごとを知らないまま大人になってしまった。

それ故か、子ども時分を取り戻しでもするように、草遊びに素朴な幸福感を憶えるのだろう。

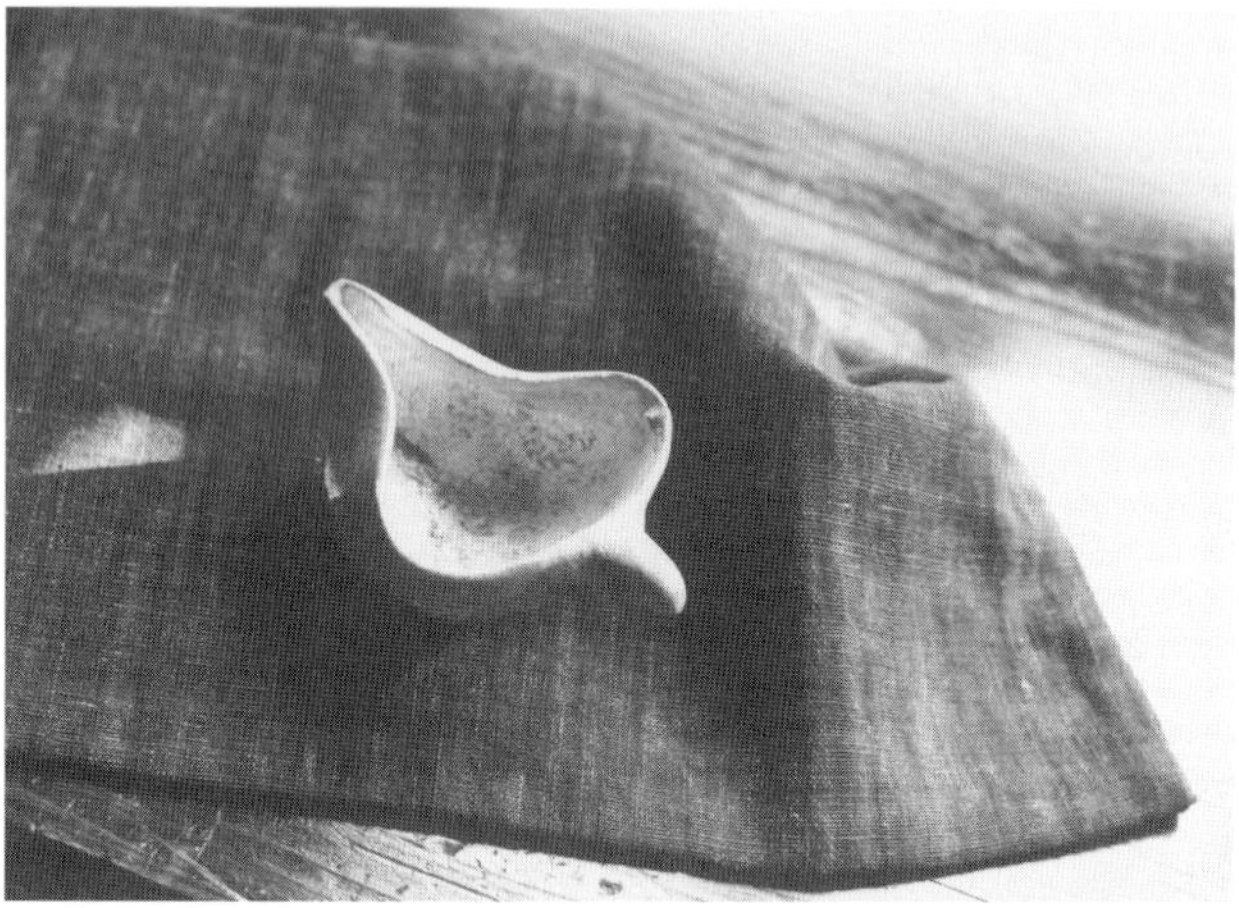

ペルシャ灯火器（11～13世紀）　径10cm

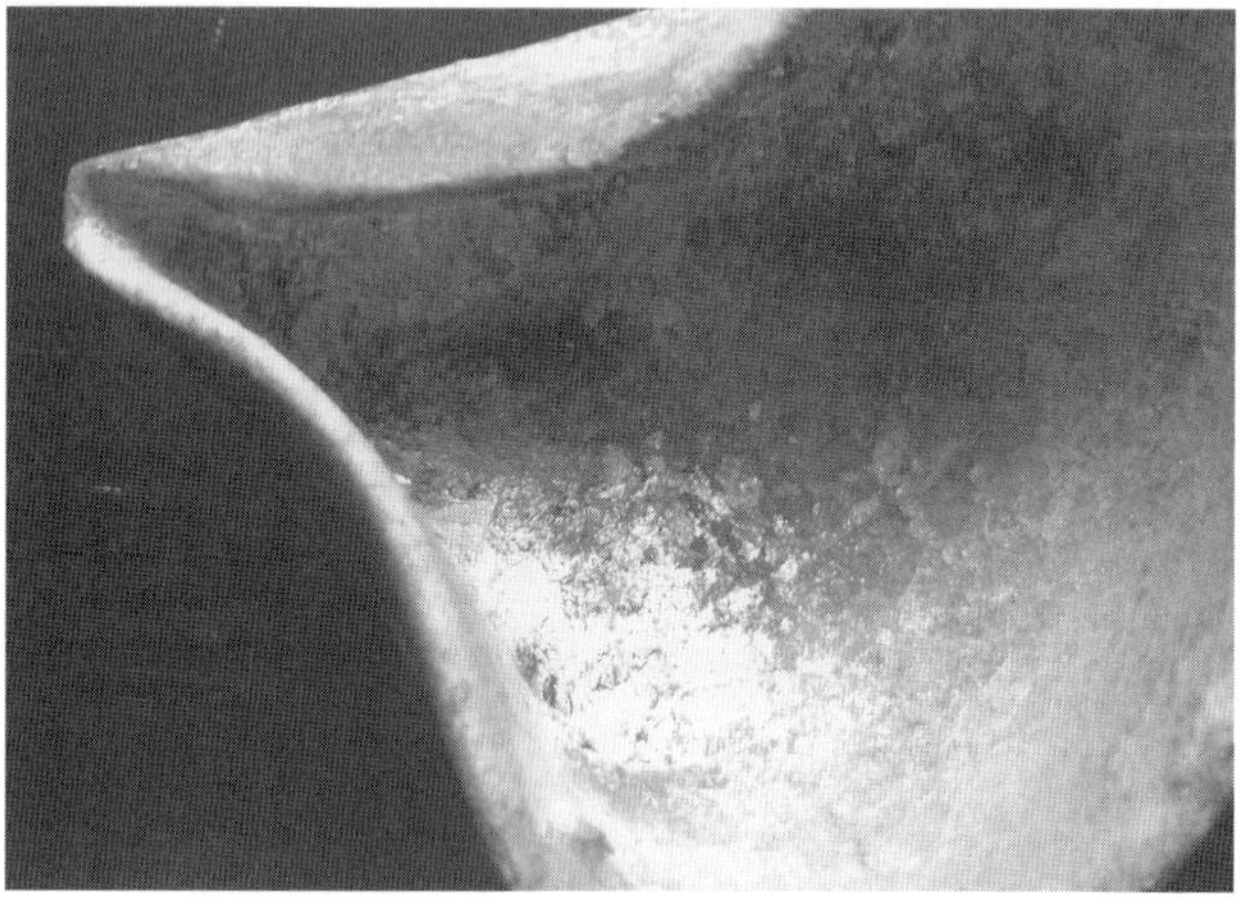

同　見込み

小鳥の灯火器

掌にのる寸法のペルシャの灯火器は、鳥の形をしている。飛翔形でなく、地に舞い降りて餌を探しているかのような、穏やかな姿だ。

永年の土中から掘り出された灯火器は、まさにペルシャンブルーの明るい釉が底に向かって垂れるほど被り、その上を経年変化のカセがやや傷ましく全容を覆っている。土見せになった底部は、砂を固めただけといった、渇いた土だ。

古道具店で目が合った時、その可愛い小鳥の姿と共に一瞬で心が奪われたのは、見込み内の滾るような激しい銀化の様子だった。

それはきらきらと青やピンクや金色銀色に狂おしいほど燃えながら、しんと鎮まっているのだ。

永年の自然の経過がもたらす〈変容美〉の前では、私たちの感嘆符など軽く吹き飛んでしまう。かくも小振りな土の鳥が、その懐には美事な秘宝を蔵してうずくまっているのである。

用いるには内側に油を入れ、細まった尻尾部分に灯芯を出し、その先に点火する。移動する折は頭部に指を添えて持つのだろう。

小さい温かな火（灯）がぼおっとともって、人の目も心も潤す。中世の、途方もつかない漆黒の闇に、いのちの火色が燃えている。暗がりの不分明の足許を滲むように明るませ、歩む一寸先を温める。

中東に位置する国々の、庶民の質朴な日常に想いを馳せながら、私は大学卒業当時の自分の暮らしを思い出す。入居したてのアパートの一室のトイレには、どんな事由でか電灯が付いていなかった。

えーっと驚くも後の祭である。まだ半人前の私には、すぐ誰かに電気の配線を依頼する知恵など働かない。夜間になってどうしたか。以前から持っていた磁器の実用的な手燭台にロウソクをともし、その灯かりと共にトイレに入ったのだ。

それ以来、遊びに来た友人達にもマッチで火を点けて燭台を渡すと、「なんか素敵!」と大層好評であった。

かくて、湿気の臭いの立ち籠めるオンボロアパートで、二年もの間、私は灯火器と縁の切れない日々を送った。

左　伊万里染付猪口（江戸時代中期）　高さ6cm

裏図の蝶

煎茶を飲むとき、時代のそば猪口をよく使う。それら一つひとつの染付の図柄を娯しみたいために、私は煎茶を飲むのかもしれない。

江戸後期の、やや寸法の大きいそば猪口は、珈琲やほうじ茶にも似合うけれど、私の好きな初期や中期のものは小振りで、煎茶にぴったりだ。

ものぐさな私はめったに棚を整理しないので、わが家に何個の猪口があるのか判らない。ざっと百個位だろうか。その百個に、図柄の似たものはあっても、同じものは殆んどない。(松竹梅の図は多数作られたようだ)

その多彩な紋様がそば猪口の一番の魅力だろう。蒐める心算などなくとも、いつのまにか蒐まってしまうのもそば猪口である。

久し振りに飾り棚のガラス戸を開けて、三、四個重ねた中に写真の二客を発見。左の高台付《こうだい》の大きい方は向附《むこうづけ》だろうか。二客のタイプは異るのに、珍しく同紋様が描かれている。

実はこの蝶と草の図は猪口の裏図であり、表面には斜めに組んだ竹垣の一部に、朝顔らしき花が蔓を伸ばして咲いている図だ。へそ曲りの私は何故か正面の絵より、もの侘し気に、簡素に描写された裏面に魅せられる。二客は表裏とも同じ紋様、時代も江戸の中期で、窯もたぶん一緒だと思われる。

ただ筆をとって描いた人が違っている。

風情が違っている。

そのことが私には大層興味深い。

人は、どちらの染付《そめつけ》に惹かれるだろう。

左側の高台付は寸法も大きく、土に生える草の部分も抑制の効いた描写で、空中飛翔しているのは一目蝶だとわかる。そつがなく上品、余白が多くて一幅の水墨画か日本画の趣きがある。

右側のそば猪口を棚で目にした時は、蝶に見えず亀だろうと思った。手にしたら首に見えた部分は、蝶の二本の触覚だったのだ。土の部分も小山のごとく盛り上がり、のったりと翔んでいる蝶の翅とぶつかりそうだ。

つまり洗練からほど遠いこの描写は、幼児が無邪気に描いた絵のようにも思われて、いわく言い難い魅力がある。

鈍くさい蝶から、私はなぜだか目が離せないのである。

神楽女面（江戸初期）　木彫　長21.5cm

木彫のそのひと

ものを買う、購うという行為は一種の決断を迫られるとしても、私たちには幸福な感情をもたらすものだろう。古美術骨董との関係においてなおさらだ。

美術館などで、名品をたびたび鑑賞する幸福感もあるだろうが、気に入った品を購入し、共に暮らすことで満たされていく悦びとは較ぶべくもないと思う。

しかし定職を持たぬ私などは、それを持ち帰りたいと切望しても、決断する際に何か説明し難いような痛みの生じることがある。身のどこかがキリッと疼き、悦びと痛みとがせめぎ合ってしまう。そこを超えることなくして、ものは私の側にはやって来ない。

そういった感情とは別に、ものを買おうとも思わず眺めていて、何故だか「おいくらですか」と訊いてしまうことがある。魔が差すといえばよいのか。「じゃあ、頂きます」と応えてしまうのである。それは決して好きでもないものに向かっては、言わないのだが。

壁面の戸板に年中掛けっ放しの、お神楽の木彫面は、そうしてわが家にやって来た一点だ。

古美術砧での木彫展の最終日、夕刻に出かけて行って手にも取らず、お面の裏側も見ず購入した。店主より事前に送られた、カタログ替わりの美しいモノクロ写真集を、家で見ていたということはある。

店内の上部の壁に、ひっそりとそのひとは鎮まっていた。自分に買えるとも思わず、少しの距離をもってそのひとの俤《おもかげ》を仰いだ。店内で目の端に在って、見ていない時間も見ているのだと思う。天平期の仏さまの面差しのようにも思われた。

「江戸初期の作で、裏には制作年も作者の銘も彫られていて、女面なんです」

ああ女面、と店主の声に重ねて呟きながら、自分の中では女とも男とも意識にのぼらなかった。

面の表の白い胡粉は大半剝落し、褐色の木地そのものの内に、そのひとの低い地謡の音声が聴こえてくる気がした。

私が、求めたのではない。その時、木彫のそのひとに魅入られたのだ。

遠つ世の民びとの数知れぬ祈願に、舞い狂い、舞いおおせたひとの、後《のち》の面である。

わが陋屋《ろうおく》に何ゆえか、安けく潜まっている。

籐椅子（明治頃）

誰かいる？

自分の椅子が欲しいな。そこに坐ったら、疲れていた自分がふと元に戻れるような安心の椅子が欲しいな。

漠然と憧れていた二十代の半ばに、デパートの骨董祭をのぞいていて、偶然百年程経っている飴色になった籐の椅子と出会った。

椅子というのは、日常におけるごくシンプルな道具の一つだが、単に実用だけの存在でもない。その実用性をはるかに超える力を持っていることが、坐ってみれば誰しも納得できるだろう。私たちのこの一身を丸ごと抱え、手に余る心をもそっと抱えて、しんと鎮まる。華奢ながら豊かな抱擁力を持っていることに気づかされるのだ。

「この椅子ほしいんですけど」

「あ、売り物じゃないんですよ」

「でも。気に入っちゃったんです」

我ながら強引に言って店から送ってもらった。それからはイギリスのカフェの椅子や、バンブー椅子、臼椅子等集まってきたが、冬はもっぱら座布団にこたつで、気分を変えたい時などに椅子は重宝する。

猫一匹と私だけの小さい家に、イギリスの楕円形バタフライの卓があり、その周囲を何脚かの椅子がぐるっと巡っている。いつしか年老い、来客など絶えた家に、何故現在《いま》もいくつもの椅子が在るのか。近在に暮らす詩友が猫のご機嫌伺いに立ち寄って、卓の傍で笑っている。

「萠さん宅《ち》っておかしいね。誰もいないのに、テーブルに何人か集まってるみたい」

ほんとねと、二人で笑ってしまった。かつては友人たちや仕事上の打ち合せで、狭い空間にも人々が集《つど》った。笑い声が弾け、坏片手に話し込み、歌ったり詩の朗読したり。リュートコンサートを開いたことや、自宅展と称して書展も何度か開催した。あれらの場面の中の懐かしい人たちは、何処へ行ってしまったのだろう。

「やっぱり誰かいる？」

「うん、いるんだよ」

私自身こうして独り暮らしして寂寥感を感じないのは、目には見えないけれども、これらの椅子に〈誰か〉がいる、と思えるからかもしれない。

椅子という日常の道具は、そんなにも人なのだと、改めて思ったことだった。

唐津皿（江戸時代初期） 径12cm

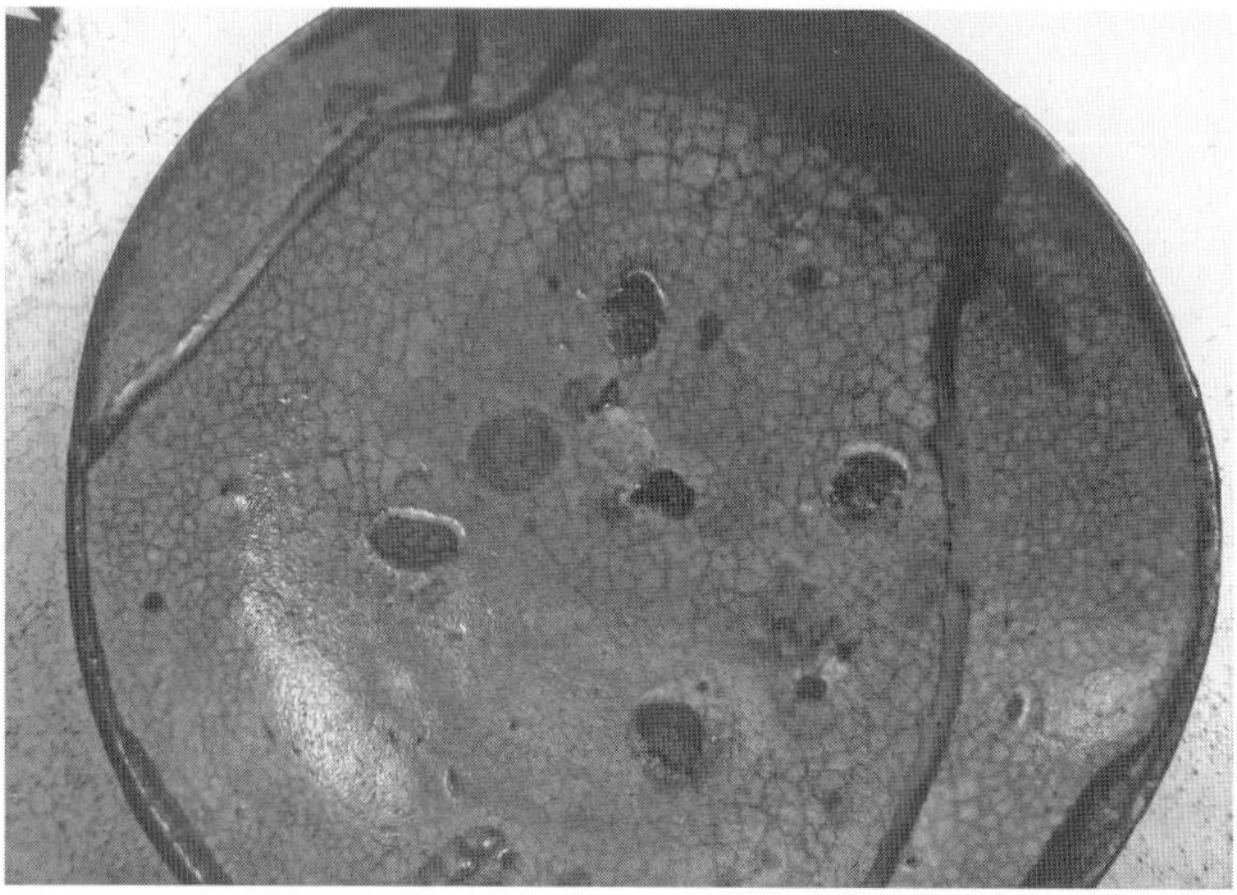

同 見込み

皮鯨の小皿

硝子戸棚から見慣れない小皿が一枚出てきた。あれ？　何？　唐津の皮鯨（紋様がわりに口縁へ鉄釉をほそく旋したもの）じゃないの。どうしたんだろう。

自分の記憶の曖昧ぶりに呆れながら、徐々に脳内が解《ほぐ》れていくような感覚が戻って来る。この呼び継ぎの小皿を、毎日せっせと使っていた日々が蘇る。

瑕《きず》があろうが、接《つ》ぎ端《は》ぎだろうが、憧れの古唐津にちがいなく、用いるほどにその陶肌はしっとり艶を湛え、細かな貫入《かんにゅう》（表面上の細かい罅《ひび》）の一片ずつが目覚め、呼吸を深めていったのを憶い出す。その様相を確認していく悦びといったらなかった。

小皿と書いたが、径は12センチあり、立ち上がりは3センチ、一般的な皿よりも見込みが深く、轆轤《ろくろ》で一気に引き上げた形姿は、茶碗の造作そのものである。

骨董屋巡りに時折一緒する友人に見せたところ「これでお酒、いいね」とうっとりする。

「すっかり忘れてたのよね。どこで買ったのだったかしら」と言えば、「こういうのは〝余白〟さんかも」

「そうだ。〝余白〟さん」と応じて、渋好みの店主Oさんの品揃えを懐かしく思い泛かべる。時代の器や道具類は、どの店も似た設えのようだが、店主の嗜好やセンスによってそこの空間はおよそ別の領域となるのだ。

屋号らしからぬ〝余白〟という店名には、かつて文学青年だった彼の矜持が垣間見える。

初対面の日、真面目な顔で「僕は詩が好きなんです」とぼそっと呟き、「瀧口修造がいいんですよね」追い討ちをかけるようにシュールレアリストの名前が出て、私は二の句が告げられなかったことを憶えている。

ある日、そのOさんから掌サイズの版画を貰った。若い頃の作だという木口木版の墨による作品は、窓から月が覗いているような幻想的な絵で、いかにも〝余白〟さんらしかった。

静謐な香気を醸す版画は永い間壁画を飾ってくれたが、彼は今闘病中だと人づてに聞いた。今日も発掘唐津におひたしを盛りながら、病気の回復を心より祈るばかりである。

李朝染付壺（李朝後期）　高さ14cm

糸ちゃんの店

その肩の表と裏に、ささっと染付で花が一筆描きされた白磁の壺。正確には壺というより蓋付容器の一種で、古い時代の朝鮮の台所で、味噌など入れて普段使いされていたものだろう。

港町の閑散とした商店街にある古民芸さんきで、私が求めた時には蓋は既になく、ふっくらした胴の白磁が薄青味を帯び、花入れにうってつけだと思えた。気が向くと、紫陽花などをたっぷり投げ入れる。高さ14センチ、径16センチ弱。高さより胴まわりが大きい。

「この李朝ね、〝オジヤン〟のだったの」

店主の糸ちゃんがあとからそっと教えてくれたが、小学校の校長先生であるオジヤンは、もっと凄い李朝見つけて、こちらを手離したのかもしれなかった。私より先にハル君が目にしていたら、ハル君の許に行ってしまっただろうか。質実剛健の趣きながら印象はやわらかく、小暗い台所の一隅で、おおどかな真白い花のようにふうわりと存在していたにちがいない。

古民芸さんきの店に自然発生的に集う私たち骨董仲間は、細かいことには詮索し合わず、店内で顔を合わせれば互いにほっとするような安堵感があった。人間的なつながりは糸ちゃんを中心に、いつのまにか育くまれ深まっていったものだろう。

「オジヤン。〝校長先生〟って、偉いの?」

小学生になったばかりの糸ちゃんの娘が真顔で訊く。

「そりゃあ、偉いにきまってるさ」

雀の巣のようなもじゃもじゃ髪を掻き上げて、オジヤンがぼそっと呟く。私たちは糸ちゃんの手料理で酒坏を傾けながら、みなドッと笑った。その場の時間を共有し合っているだけで、なんだか私たちは娯しいのだ。

「このそば猪口、好きだな」

「下手な草文がたまらんね」

「ちょっとキズでも気にならんもんね」

「酒にぴったり！」

古陶を肴に他愛もない話をし合って。今もどこかに、美と信頼で結ばれた古民芸さんきのような奇蹟の場所が在るだろうか。そこに行けば、いつだって私はヨモギちゃんと呼ばれるのだ。

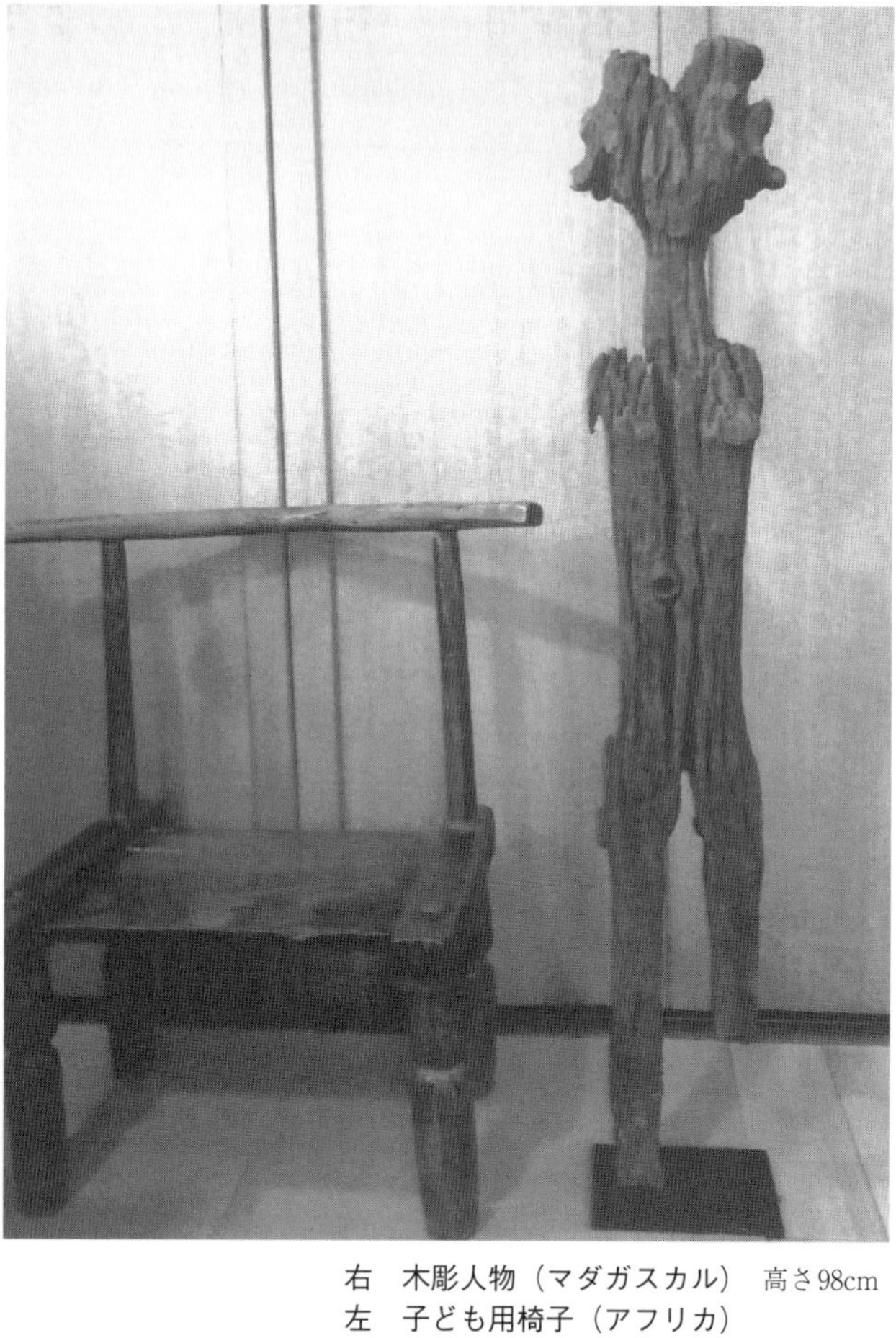

右　木彫人物（マダガスカル）　高さ98cm
左　子ども用椅子（アフリカ）

少女の祈り

古道具坂田さんの店で、アフリカ大陸の南東に位置するマダガスカル島の木彫像を購入してから、二十年以上も経っただろうか。私がのんびり店に出かけた昼頃には、大方の木彫像に赤丸が貼られ、二体が残っているばかりの盛況ぶりであった。

それらの一見朽ち木かとも見紛う大きな木彫像が、実は墓標であったとの知識も当時の私にはなく、年代さえも不明のまま、ただ一体だけでも家に連れ帰りたいと何故か強く希った。

今から思えば、墓標から連想される湿った印象はどの像も纏わず、からんと乾いていて、木質の肉も削げ落ち、風化そのものの形象が辛うじてそこにとどまっているような明るさを湛えていた。それは風化というよりも、視えないはずの風の形を、そっと後生の者に示してくれていたのかもしれない。

私には〈少女〉に思われたその像に、目鼻など残ってはいなかったが、当初より顔部分は造作されなかったかとも考えられる。けれども、その総身から〈少女〉の可憐な面影が伝わってくる気がした。

後日荷が届いて、玄関上がっての板の間にそっと置く。一メートル弱の、等身大ほどの寸法には改めて違和感があり、畳の部屋にはさらに合わない気がした。永い間天地仰いで一途に佇ち続けた少女を、私は哀しませてしまったようだった。

その後由あって友人宅の広い洋間に移動が叶い、少し私の胸の痛みも軽くなった気がする。

私は幾度となく友人宅の〈少女〉に会いに行く。

左足が折れ、両腕は付け根から失くなっているが、悲愴感のようなものは纏《まと》っていない。

少女は幾百年黙して語らず、洋間のやわらかな光の中で微笑みながら昨日も今日も佇んでいる。

この木彫が路傍にころがっていても、道行く人々の目には〈少女〉像には見えないだろう。

干乾びた一本の木片として、陽の下私たちの足によって踏みしだかれていくだろう。割れて砕けてさらに小さな木片になり、少女の祈りは無に帰すのだろう。

何か巨きな時空さえ漂わせて、少女は今清楚に佇っている。

古伊万里飯碗（江戸時代中期）　径10.5cm

自分の飯碗

自分専用の飯碗（御飯茶碗）を、人は誰でも持っているものだろうか。

家族がいれば、いろんな図柄や寸法の異なる飯碗が、食器棚に並んでいるのは娯しい気でいいものだ。私に家族のいた頃はどうしていたのだろう。あまりに昔のことで、憶えていない。人生の大方が独居だったので、これが自分の、と決める必要も感じなかった。

子どもの頃、私たち姉弟に飯碗などはなかった。子沢山の極貧の家で、食器どころか何もない中で犇めき合うように暮らした。それでもそんな日々がみじめだとも、不幸とも思わなかった。私たちは仲がよく、四帖半一間きりの店を切り盛りしながら、父や母はいつも童謡や唱歌を歌い合っていた。

ある時、友人と子ども時分の話になって、「好きだった自分の茶碗が割れてしまったら、母が瀬戸物屋に連れて行ってくれて、自分で選びなさいって。母はそういう人だったね」と、遠くを見るまなざしになった。

わが家との相違に驚いたが、私の両親が子どもの教育に無関心だった訳ではない。

写真の古伊万里の蓋付飯碗は、その気品ある姿に惹かれて求めた。生掛《なまが》け（素焼きせず上釉を掛けて焼成したもの）特有の青味を帯びた磁肌に、簡略化した蔓草が伸びやかで、濃淡自在な藍呉須の筆遣いも好もしい。磁器の持つ冷たさを感じさせない風合いで、きりりとした形状である。相反するものが、この一碗に拮抗融和しているのが魅力的だ。

私はこの器に白い御飯を盛ろうと考えたのではない。

蓋は小皿として、碗は煎茶碗や小鉢替わりに用いる。

私の近年の飯碗は、フランスのカフェオーレボールである。二百年程前の白釉碗は、日本の丼鉢の大きさがあり、その底に少な目の御飯（生姜や胡麻の混ぜ御飯）を盛る。小碗にたっぷり盛り上げた御飯より、私には食欲がそそられる。

それは、永年父母が営んでいた店の飯碗が、丼碗であったことと関係があるのかもしれないと、今頃になって思い当たる。

私たち子どもは皆、店の大振りな丼で御飯を食べて育ったのだ。

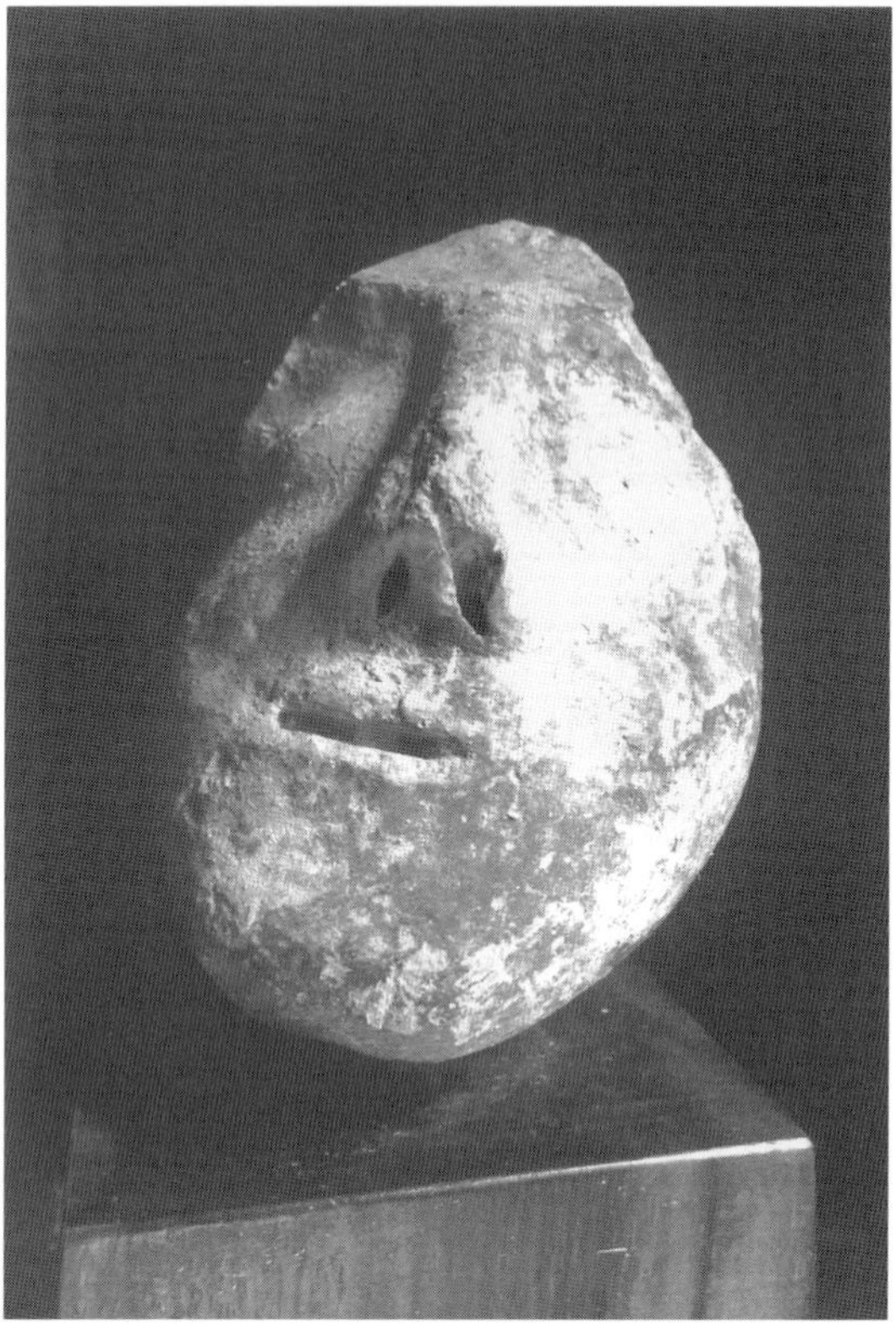

テラコッタ頭部（地中海沿岸出土）　9 cm

地中海沿岸出土

「うーん、なんだか気になりますね」

と思わず足を止めて、テラコッタ風のその〈顔〉を視つめていると、店主は「地中海沿岸の出土らしいです。詳しくは判りませんが、紀元前でしょうね」「やっぱり……」と、その顔に引き寄せられて行ってしまう自分を感じて戸惑う。

どうしよう。でもやっぱり連れて行こう。その間で幾度も揺れながら、心中ではすでに買う算段をしている。

そこは木立も深い神社の参道での骨董市だ。わが家からいくつか電車を乗り継いで一時間以上かかるのに、妙に惹かれるものがあって時折通っていた時期があった。樹々を渡る清々しい風光の下で、何十軒かの古道具店が地べたや台上に、種々の古民具骨董を並べている。その鄙びたのどかな光景が好きだ。

一軒ずつ店の扉を押して立ち寄る際の、あの緊張感も悪くはないが、屋外それも樹木に囲まれた縁日風情は、子どもにとっての祭のように心騒ぐものなのかもしれない。その日。土で拵えられた顔の、いったい何に私は捕えられてしまったのだろう。台に固定されて斜め上方を向き、瞑想しているのか、礼拝の姿なのか。微笑とも思える清涼な面差しである。

霞がかった遠い時間のどこかで、その人と遭遇したような気もする。

アフリカの土偶やわが国の縄文式土偶とも、大きく異なっている。この顔が紀元前だとしても、もっと現代の私たちと近しい人のようだ。

近年惹かれているアフリカの（ことに西アフリカ・ドゴン族の）土偶には、神に近いかと思える畏怖のひびきがある。穏やかで静謐で、無心そのものの表情に潜まった敬虔に、見るたび衝たれる。

ところがこの顔はまるで様相が異なる。あまりにも私たち現代人そのものではないか。

顔面以外の失なわれた頭部や身体は、もはや私たちの前には明らかにならないが、思い見るという遥かな心の営みへと誘ってくれるようだ。

やきものや瓦の陶片残欠もその来歴を思わずにいられないが、〈顔〉の断片は、ことに深い物語性を滲ませて魅力が尽きない。

常滑経塚壺（平安時代末期）　高さ33cm

無常の壺

以前、古常滑《ことこなめ》の経塚壺について書いたが、あの壺の一年後に求めたもうひとつの経塚壺についても書いておきたいと思う。

二点とも寸法はほぼ同じ、時代も平安末期の典型的な様式をしている。しかし、である。この二点の様相は似て非なる世界を蔵しているのではあるまいか。前回のが〈静〉であるなら、こちらは〈動〉そのものだ。口造りが大きく天に向かって開き、肩が張って、底部はきりりと締まっている容姿は似ていても、窯中で浴びた運命は二つを別の閾《いき》へと分けてしまった。

肩から胴へと掛かる自然釉に似た肌色の降りものは、釉の上に付着した土であり、その釉と土もろとも経年のうちに剝落したのだろう。よって壺本来の地肌そのものが露わになっている。

いったい何があったの？

目にしたとき、思わず私は壺に駈け寄ってしまったほどだ。

心のどこかで「もう壺はやめよう」と思いながら、一目惚れで有金はたき、買ってしまわざるを得なかった自分。家賃を払うにもこと欠くようになり、自縄自縛の日々を過ごすはめになる。壺は人間を狂わせると思いながら、一ばん恐かったのは壺でなく、この自分自身だったのかもしれない。

春になって、鎌倉の小町通りの小さい画廊で、一人つづけていた書と写真による初個展を開くことになった。

遠方の旧友からお祝いにと早咲きの桜が届き、会場の大きなウインドーに壺を持参して桜を飾った。友人達も悦んでくれたが、場所柄か観光客も次々足を止め、「すてきな桜ですね」と声を掛けられたり、「この壺はどういうもの？」と問われたりした。

肝心の作品は未熟な小品ばかりだったが、花と古代の壺との晴れ舞台は、華やぎ賑わって一週間が終った。

その後貝殻坂の借家を出て、現在の所沢に移る時、体調を崩し転居費用さえ持たなかった私に、若年時の友が大金を融通してくれた。借金のカタに何かをと、私は友にこの壺を送った。かくて〝動〟を生きる古壺は、私の許から遠く遠く立ち去って行ったのである。

伊万里染付皿　右上／くらわんか皿（江戸時代中期）　径14.5cm

器との再会

なます皿やくらわんかと呼ばれてきた染付の皿を何枚か卓上に並べてみると、何故だか懐かしい感情が湧いてくる。この藍色の濃淡が、目にも心にも優しくてほっとするのだろう。

径15センチ前後の五寸皿は、持ち重りがして安定感がある。江戸の中期から幕末にかけ大量に製造され、暮らしの什器として最も使用された器と思われる。多彩な図柄は、そば猪口ほどではないにしても十分に娯しめ、野菜の煮物などを盛り付ければ、藍色がぐっと料理を引き立てる。

三十数年も昔、詩人の秋村宏さん宅で詩の勉強会を開いていて、私も毎月のように参加していた時期があった。十五、六人の参加者はみな手作りの一品持ち寄りで、日本酒やワインを呑みながらの賑やかな会だ。グラスや取り皿などはやきもの好きの秋村邸の食器をお借りする。棚からどんどんと出て来る器は、現代の作家物あり、明治期の印判手あり、古いところでは江戸のくらわんか等も見え隠れした。好きな取り皿を選ぶのも、私には会に参加する娯しみの一つだった。

そんなある日、妙に惹かれる一枚があって手にすると、元はわが家の皿だったことがあった。

「あ、これ。私の…」と声が出たので、秋村さんにも聞こえたらしく「うん、そうだよ。あの時の」と言葉が返ってきた。

「あの時」というのはそれより数年前の、私自身の書の自宅展を開いた折のことだ。人々にわが家まで来て頂くのに、書だけではと思い、信玄袋や札入れやハンカチなど手縫いして机上に並べた。それから陶磁器の骨董コーナーも作った。なんだか縁日かお祭のようになった室内は、狭いことを別にすれば友人たちには好評であった。

秋村さんは真剣に骨董コーナーを見ていて、くらわんか手の蒟蒻判《こんにゃくばん》と呼ばれる型押しの珍品を見つけ、二枚持ち帰ってくれたのだった。表面上の貫入《かんにゅう》が全面に散らばっていたが、さすがと目を瞠ったのを憶えている。初めて見る器のように再会したその一枚をしみじみと眺めたが、やっぱりいいですね、と思わず秋村さんと自分に呟いたのだった。

神具（ナイジェリア） 鉄 100cm

鳥讃歌

鉄で拵えられた鳥が一羽、俯いて地表の餌を探している。円型の盤上にいるのは、そんな鳥の姿だ。

一メートル以上の高みにその一羽がいて、下部の細い鉄棒を激しく動かすと、カラカラと音がして鳥が回転するように仕組まれている。なんと渋くおしゃれなオブジェかと見えたそれは、実はそういった鑑賞対象のものではなかった。

アフリカ・ナイジェリアの村の、祭祀の折の神具のひとつのようで、古道具店では鉄棒の最下部に木製の台座が新たに取付けられていた。本来は槍投げのように放り投げ、大地に突き立った時点で天辺の鳥がどの方角を向いているか、で何かを占ったのではないだろうか。

鉄だけで作られ、適度に錆びた黒褐色の素材の魅力と、巫女の如き役割を担うのが鳥であることに、私は大層惹かれる。

大空を自在に滑空飛翔できる生きものとして、鳥は憧れそのものである。

願わくは、この大空を鳥類以外（蝙蝠などは別にして）は飛行しないでほしい。人々を乗せ、遠く異土へと運ぶ飛行機さえ飛んでほしくはないのだ。ましてや神の領域を侵犯するが如き宇宙船もしかりである。

気流に乗って高々と飛行するのは、鳥だけでよいではないか。

夕刻の散歩で川沿いの道を往きかけると、川床に残光を一身に纏った白鷺が目に止まる。近づくと、その傍らには大型の青鷺が一羽黙想するかのように動かず、小魚を狙っているようだった。カルガモの家族が土手の草を啄んだり、白鷺は急わしく歩いては捕えた魚を呑み込んでいる。渋い灰青色の翅で被われた青鷺の、どこか超然たる静けさが私にまで伝播して、金網にもたれたまましばらく動けなかった。

その真中を、突如翡翠《ひすい》色の線を引くように素速くカワセミが飛行して消えた。

久々に水鳥たちに遇って、川べりに棲む幸いを思わずにはいられなかった。

時折、夕空の高みをシルエットになった鴉の一団が、塒《ねぐら》へ帰って行くのに遭遇することもある。そのはるばるとした翼もつものの様相は、嫌われものの鴉といえど、祈りたいような郷愁に誘われる。

右／初期伊万里猪口（江戸時代初期）　高さ5cm　左／同

貰ったそば猪口《ちょこ》

今回は、わが家の初期そば猪口の中から、友人たちに貰った二客について書きたい。この二客は、私よりはるかに年少の二人の友から、それぞれに贈られたものだ。

写真の向かって右側の猪口は、判然としないものの草花文か梅の図で、高さ50ミリ、底部は内側に3ミリ程の上げ底となっている（裏面もほぼ同じ文様）。初期伊万里の猪口の中でも優品だろうと思われる。

ぐい呑みにもうってつけの佳品を、惜し気もなく友人Tは何故私にくれたのだろう。彼は私よりひと回り年下ながら、大変に目の利く男性で、何かのお祝いというのでもなく、私宅に遊びに来た折、「これ、やるわ」とまるでビー玉でもくれるような素気なさで、掌に載せてくれたのである。

「ええーっ！　ほんとにくれるの？」

私はびっくり仰天だ。

「オレ、骨董なんて判らんからね」と口癖のように言いながら、休日にはバイクを飛ばし、古民具骨董屋巡りに熱中している愛すべきへそ曲がりである。骨董好きには自分のコレクションを自慢する人もいるが、わかる相手と出会った時は、あげてしまいたくなる人種のようで、Tはその典型なのかもしれない。

写真左側の葡萄文の猪口は、俳人ではあるが、骨董では新人の親友まーるさんが、かつて一緒に骨董屋歩きをした折に購入した一点で、私の誕生日のプレゼントに包んでくれた。

包みを開けた時思いがけなくて、わあっと声が出た。思いきって購入しただろうに、私が頂いてしまっていいのかとも思ったが、彼女の心遣いが胸に沁み入った。

染付の図が何なのか咄嗟には判らなくて、蝶と思いながら目を凝らすと、蔓が伸びやかに広がって、丸い粒々は実であり、蝶と見たのは葡萄の葉っぱなのだった。

これらの猪口を、自分の愛蔵品と共に書の個展会場に持参して、来場の方々への煎茶のもてなしに用いている。

「おっ、これは凄い」と、かつて声を上げた男性が一人いたが、器にまで目を止める人は多くはなくて、わかる人が来るといいな、器の話もしたいなとふと心に思ったりする。

初期伊万里葡萄文仏飯器（江戸時代初期）　口径9.1cm

大きな仏飯器

これはアイスクリームカップ？　と陶磁器に関心のない人なら思うだろうか。確かに、高さ77ミリ、口径91ミリという寸法は、葡萄文の涼し気な図と相俟って、いかにもアイスクリームが似合いそうだ。

私は古美術砧の硝子棚で目にした時、「馬上坏かしら？」と思わず口にしてしまった。それこそ涼しい目をした砧の主人は「仏飯器ですよ」とさり気なく言ったので、「仏飯器ってもっと小さくない？　昔買った唐草のは、一回り以上小さいわ」と応えて、一客の呼び継ぎの参考品である初期伊万里について話し込む。

「じゃあこれは、大名とかの大きなお屋敷で使われる寸法かもね」

庶民の家では仏様にお供えといえど、大振りな仏飯器にご飯を盛るなんて、とても毎日は出来ない相談だろう。

この器自体は、見込みの中央に他の陶片がくっついていたのを剝がした跡のある、失敗伊万里だ。

私は殆ど下戸だけれど、美酒を少し味わうというのが好きで、それにはこのふわっと大振りな仏飯器坏はまことにふさわしい。上手《じょうて》とは言い難いが、染付の葡萄文の伸びやかな図にも陶然と酔いたい。指に挟んで持ち上げるこの安定感も好もしい。魅力的な生掛け透明釉の、仄青い磁肌の雅味。

その日の店内は、店主が何か片付け物でもしている最中だったような雑然たる様子で、うっすらと埃っぽく、店のもつ雰囲気が普段と違っている気がした。

それから二、三か月経って友人達と再訪したら、降りたシャッターの中央に〈貸店舗〉の貼紙があって、まさか、と胸が潰れるような思いで立ち竦んでしまった。

二十年以上も通った店が、知らぬ間に閉店してしまったなんて、これはなんとしたことだろう。

古美術砧だけでなく、骨董界全体が不況だとは感じていたが、古い美しいものの好きな私たちは、今後何処へ行けるだろう。

砧の主人とは後日連絡がとれ少し安堵したが、店の最終期に、いかにも主好みの初期伊万里が購入できて、なんだかよかったなと思っている。

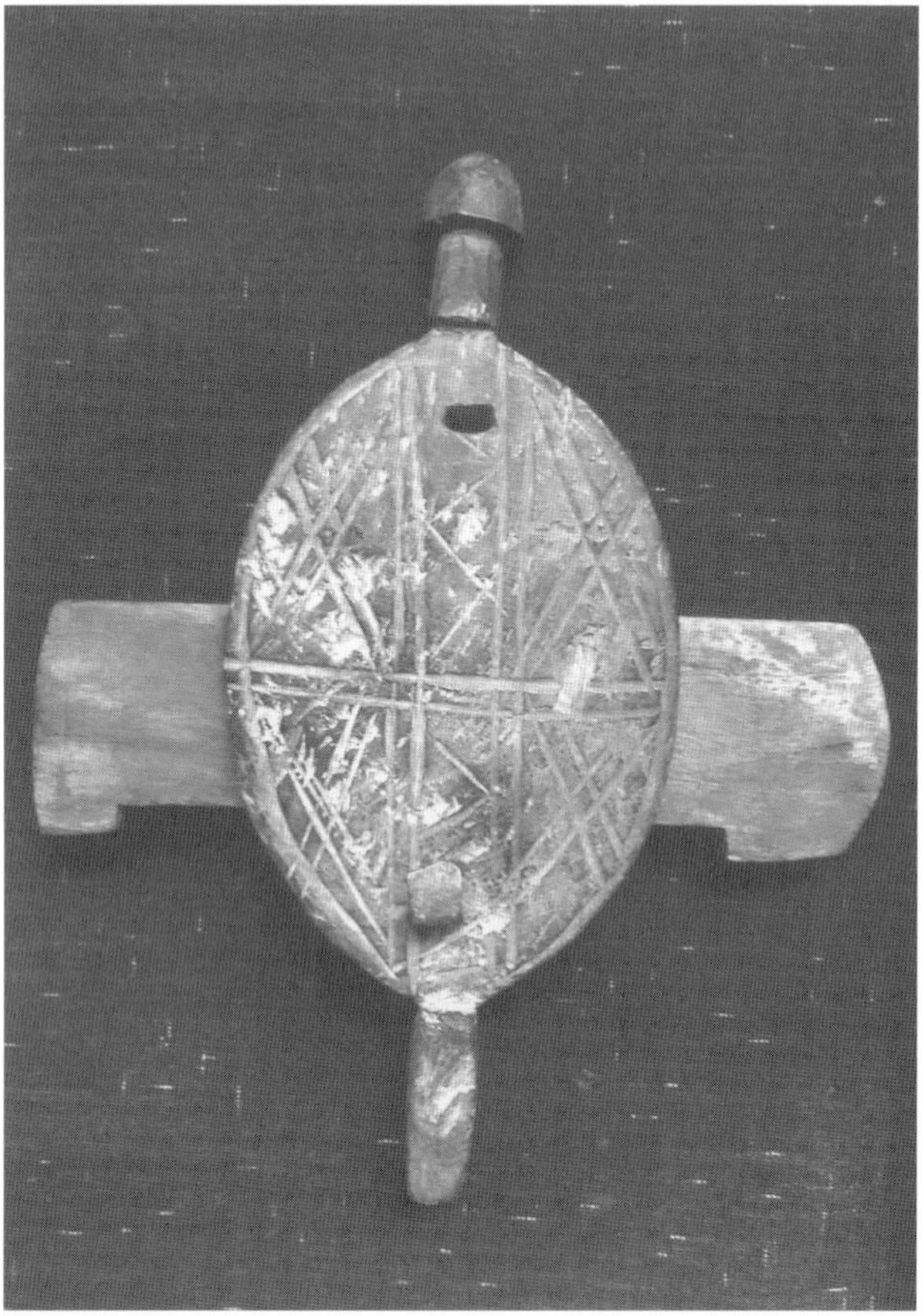

ドゴン族木製鍵（西アフリカ　マリ共和国）高さ23.5cm

ドゴンの鍵

わが家は、築60年程経った老朽著しい借家である。外観も室内も経年劣化が進んで、常時ハラハラしながら日々を送っている。

数年前から調子の悪かった玄関の鍵が、開閉に困難をきたし、遂に開かなくなってしまった。僅か10分ばかり外出し、戻ったらこのザマである。室内には猫も待っているのに、家にどうしても入ることが出来ない。

駅前の交番に駈け込むか、すぐ向かいのSさん宅に声を掛けるか、夜間でもあったので迷いに迷ってSさん宅のブザーを押した。夫婦揃って見に来て下さり、ドライバー一つで難なく開けていただいた。その折の安堵といったら！

鍵自体の問題もあったが、引き戸の木の部分が年月に痩せたり、虫が喰っていたりで、引き戸全体を替えない限り、不具合は続くというのがSさんの見立てである。

その日以来、毎日のように「開いた」「開かない」「今度は差した鍵が抜けない」等、今もわが心中では一人で騒動が続いている。

そんなことで思い出したのが、西アフリカ・マリ共和国ドゴン族の、穀物庫の木製の鍵だ。本体は大層重量があり、天地235ミリ×97ミリの寸法で、その形は亀の彫刻かと思われる。

ドゴンでは、家屋や倉は、いずれもそこに棲む人々が自分達の手で造り上げる。乾期に干上がった池の粘土を掘り出し、日干し煉瓦にして住居の壁にする。草の束で屋根を被せ、木の扉を嵌めて完成の家は、だが風雨に数年ともたないという。それを補修しながら暮らすドゴンの人々の時間の、なんという悠久だろう。

思いがけなく私はその鍵を、東京・西荻窪の若人向けのおしゃれな雑貨店で見つけ、「どうしてここにドゴンの鍵が！」と驚嘆したことだった。

昨年求めた小川弘氏の写真集『ドゴンの光』（水声社）には鍵の写真もあって、神話に登場する動物や人物がそれぞれに彫られている。神話と共に生きる人々の、日々の文化の厚み、質素な日常の無駄を排した美と共にその奥行を、この鍵ひとつからも思ってみずにはいられなかった。

伊万里柳文猪口（江戸時代前期）　高さ4.5cm

無言のことばに

古道具に親しみ始めた頃に思いきって購入した伊万里のそば猪口は、江戸初期から前期頃作られた小振りの柳文の一客である。

高さ45ミリ、上げ底になっていて、口縁に小さな山疵《やまきず》（窯中での疵）があるが、すぐには手の出ない値札が付いていた。

その一客のために鎌倉の家から東京神田まで五回通った。普段決断の早い私にしては珍しいことだ。猪口自体に迷った訳でなく、乏しいわが財布の中身と折り合いがつかなかった。

器面に描かれた染付の柳文の堂々たる風格に憧れ、しっとりした生掛《なまが》け特有の磁肌の魅力にもはまった。

一般的にはそば猪口と呼んでいるが、私の掌にもおさまるこの小さな寸法では、他の用途の器だったのかもしれない。（小鳥の餌入れという説もある。）

私は酒呑みではないが、ぐい呑みにはぴったりで、初期や中期のそば猪口を狙ってのコレクターはかなりいるだろう。そば猪口という限られた世界の中に、図柄も寸法も多彩で汲めど尽きせぬ奥深いものを発見できるのは大きな醍醐味だ。

「その家に、どんなそば猪口が並んでいるかを見ると、おおよその人のことが判るんです」と静かな声で呟いたのは、目白の古道具店の坂田さんだったと思う。

わが家にかつて荷を届けに来た折、やはりそば猪口の棚の前で佇み、うーんと言いながらしばらく眺めておられたのを憶えている。

彼は何も言わなかったが、私の目の未熟さや、嗜好の片寄りも見抜いていただろう。いや、それとも同好の士と共感を寄せてくれただろうか。目の達人の〝無言の言葉〟に、永年一人歩きの者は育てられてきたのかもしれない。

人気ゆえ贋物のはびこる初期伊万里ではあるが、そこを畏れていては目は深まらないだろう。

ものを見るとき、贋か真物かは、どんな風に判断してますかと問えば、古美術砧の増田さんは即座に「それはね、全体の風趣を見るんです。部分じゃなくてね」と涼しい声が返ってきて、これは骨董に親しむ私たちへの警鐘と、心に深くとどめたことだった。

陰影の家

画家の谷川晃一さんが、神奈川県葉山の海岸寄りの大きな美術館で、『陽光礼讃』と名付けた大展覧会を開催したとき、常々陰影礼讃の私は、谷川さんってやっぱり眩しいなあと思ったことだった。暖かく明るい陽光にどれほど憧憬しても、これは根が違うのだろう。

日々の暮らしを想うと、どこかに暗部を潜ませた家屋の静けさが、私には好ましい。かつて、友人がマンションに転居してしばらく経った頃、「どうも家が落ち着けない」と眉根を曇らせたことがあった。

それは住空間が外から丸見えで、２ＤＫという狭さからも起因しているのかと思ったが、二部屋共南側に、窓やベランダのある明るい居室だったことと無関係ではなかったようだ。友人は詩や散文を読み書きする詩人で、日常に陽当りは不可欠だとしても、沈思黙考するのに、陰影のある空間も必要だったと私には思えた。

私自身が二十代の頃、借家の下見に出かけて、思いがけなく廊下の突き当たりの板の間に、天窓からの一条の光が、希望のように降り注いでいる光景と出会ったことがあった。家の向きによるのか、明るいとはいえない和室続きの空間の奥、天井近くから零《こぼ》れ射し込む細い光の美しさは、どう表現すれば足りるだろう。

諸事情で入居を断念してからも、長い間私はあの平家の、静穏な佇まいを忘れることはなかった。

天窓からの光を、やわらかく大らかに包み込んでいるようだった、かの家の品格。若いだけの私は、あの家と釣り合う何かを、まだ自分の内に育ててはいなかったのだろう。

作庭も居室造りも、そのひとと等身大なのだと思う。

三十代半ばに五年近く棲んだ借家では、裏が山続きだったので庭作りに夢中になったが、所沢のこの家では、通路沿いに黒竹など植えただけだ。鳥の落とし物の千両や、茶の木も、季節には白い花を付け、私の弱った目を慰めてくれる。

主《あるじ》と共に滅び行くような仮の宿で、これまで縁のあった古い道具の一つずつを慈しんで巡り来る日を送れたら、十分に倖せといえるのではないだろうか。

仏頭（インド　ガンダーラ）　10cm

微笑の仏

仏教美術の知識というのは私にはないに等しく、これまでそのことを恥かしいとも思わなかった。ましてインドのガンダーラ仏にもなじんだことはなかった。

二十年以上も前のことになるが、東京目白の古道具坂田さんで、偶然ガンダーラの小さな仏頭を見かけた。店の棚には西洋の小壺や硝子壜、中小の皿などと共に、珍しく微笑をたたえた仏頭が並んでいて、私にはその静謐なお顔が目に心に沁み入るようだった。

ヨーロッパの仕入れ旅から帰国したばかりの当主は、「四十点ほどガンダーラは見たんですけど、気に入ったのはこの一点だけでした」と話してくださった。

「小さいけれど、優しいいいお顔ですね」

首から下はなく、口許にごく少量の紅が残る、十センチばかりの頭部をゆっくりと眺める。

紀元前後頃から西北インドで、ギリシャ彫刻の手法を用いて盛んに造られたというが、彫りの深い西欧風の面差しに、親しみ深い微笑は忘れ難く、わが家に招来することにした。

それからしばらく経った頃、写真に撮ったものを骨董の雑誌に掲載されたことがあり、私と同じ市内在住の若い夫婦が「ぜひ拝見させてください」と二人揃って来宅されたことがあった。お茶を飲みながら同好の士としばしの歓談を娯しんだが、彼らたちは現在もその道を極めているだろうか。

「それにしてもこのお顔は心に残ります」と何度も溜息まじりに話されたのを憶い出す。

以前にも書いたが、私は仏頭か否かでなく、人の姿をしたものの、ことに〈顔〉の持つ魅力魔力に、強く惹き寄せられてしまうようだ。国も歴史も時代もぶっ飛んで、その面相の何か、そこはかとなく漂い出しているものに魅せられていってしまう。

わが身辺の変化もあり、古道具坂田からも久しく足が遠のいているが、「坂田さんは病気でね、今は車椅子です。店も閉店して」と骨董道の達人尾久彰三さんの話に、胸の潰れる思いがした。この世の中同様古美術の世界も、大きな分岐点に立っていると改めて思わずにはいられなかった。

絵唐津陶片（桃山時代～江戸時代初期）　上右／径13.5cm

陶片の小さな声

宝物のように思っている絵唐津（江戸初期頃）の陶片が、わが家に三個ある。昔この家にも友人たちが往来していた頃、それを実によく使った。羊かんや和菓子をのせるお皿替りだが、皿よりもはるかに野趣横溢で、自慢の陶片だ。ちょっとした漬け物や佃煮をのせたりもする。しかし、誰からもほめられたことがない。どうしてだろう。

私なら切り分けられたおいしそうな羊かんよりも、陶片そのものにシビレる。これら三点とも窯も違い、湛えている風情も異なるが、こんなななんでもない草の画をどうしたら陶の面に描けるのか。

すっと葉を伸ばした草が、皿の中央に一本。そこに涼風の通って行く様が見えるようだ。風と出合い、小刻みに、あるいは撓やかに風に揺らいでいる草。眩しい光の中、空に向かって伸びようとする草。それらは詩情そのものではないか。朝には透き通った露を宿し、いつしか時と共にすがれていく自然界の象徴のような草である。

絵唐津はことに人気が高く、故に高価で購入できる訳もないが、かといって、割れて一部分になってしまった陶片で我慢しているのでも決してない。

破れかぶれの果ての、野性味にぞっこんなのだ。

一点ずつそれぞれに物語がある。

僅かに残った口辺から、全体像を想像する。欠けてしまって失われたものを、目の奥にたぐり寄せる。窯中で果たして何が起こったのか。炎の悪戯か。窯の内側の土の崩落か。

焼けて何事もなく無事に生まれ出ることの、なんという困難、奇跡だろう。

黙して語らぬ陶の静けさが胸に沁みる。

写真三点の内、自分で見つけて購入したのは左上の一点のみで、右側のは港町商店街の一角に在る古民芸さんきの糸ちゃんが、「気に入ったんならあげる」とくれたも

のだ。下の、枯木のようにも見える絵唐津は、わが街所沢の古美術柿の木の柿谷さんが「これ、萠さん好きでしょ」と掌にのせて下さった。彼女や彼ら友人たちの優しさも加わって、三個のカケラはカケラを超え、自然界の摂理のようなものまで小さな声で私に伝えてくれるのである。

木原茶碗（江戸時代前期）　径11.2cm

同　補修部分

新たな〈景色〉

わが家のお茶碗の中で、これまで最も愛用してきたのがこの木原《きはら》窯の一碗である。お茶を知らない私も気張らずに使えて、それでいて手に受けた時のずんとくる重量感や、掌におさまる感触が大層好ましい。

肥前（長崎）佐世保市の、木原町に在る窯だということは最近知った。それなのにまるで片想いのように「木原、木原」と一方的に愛でてきたのだ。磁器と陶器がミックスしたような温か味が持ち味で、高さは62ミリ、径112ミリ。それに対して高台は42ミリと小さめで、ころんと丸い。

正面の絵付けは初期伊万里などと同様、鉄砂で黒っぽく簡略に描いてあるが、やはり何の絵か判らない。山水図か梅図か。裏面は、筆でチョンチョンと横一がふたつ。きっと鳥が二羽飛んでいるのだなあと思うと嬉しくなって、私たちの国の山川草木の豊穣に心が解き放たれるようだ。

この碗の口辺には、三箇所銀修理が施されている。正面中央にもニュー（ヒビ）が走り、その上にも極細の上品な金修理がある。三十年以上も使っていて、どの店で求めたのだったか憶い出せなかったのだが、疵の補修箇所を見ている時、あっと思い当たった。

青山の古民藝もりたさんだ。

当時は、東京南青山の骨董通りまで、電車をいくつも乗り換えてよく通った。この茶碗の、大きな疵部分の銀修理の上には、なんと散りもみじの金彩の蒔絵が施されているのだ。小さくも写実的なもみじ葉の、その美しいことといったら。

他にもわけて頂いた品々の、くらわんか碗や馬上坏（もしかしたら仏飯器かも）等も、疵はきちんと修理され、当然のことのように蒔絵が繊細に描かれている。

キズモノは修理してから店頭に出す、それも美しい補修を施すという信念や美学が、当主の森田さんにはあるのだろう。

陶磁器の修理された箇所を新たな〈景色〉と見立てて愛でるという、諸外国にはない伝統文化の奥深さこそ、わが国固有のものであるにちがいない。

（'24に〃古民藝もりた〃は東京・世田谷区経堂に転居）

李朝無地刷毛目茶碗（李朝時代前期）　口径14.5cm

白百合の花束

李朝の無地刷毛目の茶碗に朝のお茶を点てる時、二十代半ばに親しくしていた洋子さんを憶い出す。三歳年下の彼女は初めて私を訪問するのに、白百合の大きな花束を抱いて現れた。台所と六畳間の狭いアパートに、なんと贅沢な贈り物だったろう。

彼女の家とは歩いて三分程の距離だったので、私たちは急速に親しくなり、詩や画のこと、本や陶磁器について毎日のように語り合った。

私のアパートをアトリエがわりに、素描の勉強会など何人かで続けたりもした。瓜実顔で色白の美しい洋子さんをモデルに、線を走らせることが私には新鮮だった。

彼女も私を写生したのだが、その画を見てどんなに驚いたろう。むやみにコンテを走らせる私と異なって、彼女の白い紙の上には、ひとの気配（モデルは私だが）としか言いようのないものが現れていたのだ。繊細な淡い線を重ねて、洋子さんは人間の表面上のことではない何かを描出していた。

彼女の家は美容院で、二階が住居になっている。

「お茶を差し上げたいから」と部屋に招かれ、出かけたことがあった。

六畳の一室は、住込み美容師さん二人の部屋でもあり、その隅っこの狭い空間が洋子さんの専用スペースだった。向学心旺盛で情感豊かな彼女は、これまで独りになれる空間を持っていなかったのだ。

なんということだろう。

「ここが私の場所なの」

やわらかく微笑みながら洋子さんはそこで本格的に薄茶を点ててくれた。

「このお茶碗ね。この前買ったんだけど、どこのものか判る?」

「判らないわ。骨董品なの?」

「うん。古いものでね、李朝なの」

「李朝…。素敵だわ」

じっくり掌の上の茶碗を眺めても、李朝が何なのか、時代のことも何も判らず、私は初めて無知な自分自身と対面することになったのだった。

その時以来、李朝の茶碗は私の憧れである。わが家の、李朝無地刷毛目のやや珍しい馬盥《ばだらい》型の茶碗と、洋子さんの李朝碗はおよそ異なっている気もするが、李朝と思う時、半世紀も昔のまぶしい青春の日々へと還って行けるのだ。

ドゴン族土偶（西アフリカ　マリ共和国）高さ23cm

空を仰いで

何年か前にアフリカの土偶について書いたことがあったが、今回はそれよりずっと以前に、東京目白の古道具坂田で出会った土偶である。

すでに両腕は抉《えぐ》れたように失くなっていて、足もない。足は元々なかったのかもしれない。出っ張った大きな目。トンガリ頭のなんだか摩訶不思議の像だ。

高さ23センチ、その中央の胴部が折れていて、褐色の粘土状のものでざっくりと補修されている。顔の両脇の、人とも思えない大きな耳。この二つの耳は、私たちの文明社会が速度をあげて崩落してゆく凄まじい音を聴いている。

はじめ全体像から醸されるニュアンスが男児かと思ったが、補修部分の真下に乳房のような二つの突起があり、もしかしたら女の子あるいは女性で、母神像に類するものなのかもしれないとも思う。

それにしても妖怪のようなこの土偶は、友人達に評判がよい。

詩人Mは「デベシャンって名前にしようよ。大きなおへそついてるもんね」

「あ、いいかも。デベソシャンね」と私も思わず相槌を打つ。

「ハングリー・デベシャンにそっくりじゃん」

「ほんと、ほんと。そっくり」と二人して大笑いした。

いつも空腹を抱えているような〝ハングリー・デベシャン〟と呼ばれる年少の友人Tも遊びにやって来て、「おっ！　この土偶どうしたの？　いやぁ、アフリカはいいね」とほめちぎる。

「いいでしょ。名前つけたのよ。〝デベシャン〟って言うんだけど」

と私が言ったものだから、三人で大爆笑になった。

どこを仰いでいるともしれない丸いどんぐり目玉。ぽかんと無雑作にあいた口許。歌っているのか、泣いているのか、生きることの悲哀さえそこはかとなく漂う。

西アフリカ・マリ共和国のドゴンの断崖に並び建つ草家は、遠い昔からどの家もどの家も日干し煉瓦を用いた壁で造られている。ドゴンの人々の手になる土偶もまた、おそらく同じ日干し煉瓦製なのではないだろうか。

そんな地からやって来たわがデベシャンは、今日も空を仰いで、故郷の巨木バオバブに渡って行く、乾いた光の静謐を見はるかす。

猿投碗（平安時代）　口径15.5cm

矢谷先生の猿投《さなげ》

茶道でいうところの〈茶碗〉ではないが、私は多種ある茶碗の中でも山茶碗に魅せられる。平安、鎌倉、室町と四百年にわたって作り続けられ、ひっくるめて山茶碗と呼ぶその野性性も好きだ。

初めて触れたのがいつ頃だったか憶えていないが、その碗が何かとも思わず、「あ、私これ好き」といきなり目に飛び込んできた。

その折の衝撃は、初めて常滑の巨きな破れ壺に接した時の感動と、共通のものがある。

愛知県の猿投《さなげ》山などから大量に採取されるというが、当初は灰釉を掛けた白瓷《しらし》と呼ばれる精巧な造りであったようだ。私はそれを自然灰を被った作かと思っていたが、そうではなく、人為的に施釉された器で、若草色の硝子質の上釉が大層美しい。

時代が下るにつれ、品格のある精緻な造りから、高台も省略され大まかな碗となり、それはそれで自然灰を被った魅力的な庶民の器となっていった。

好奇心から何度かお茶を点てたが、重ね焼きした目跡が残っていたり、釉だまりがあったりで茶筅が早々に傷んでしまう。今では煮物や漬物を盛るのに重宝している。

写真の向かって左側の碗は、日本画家の矢谷長治先生から頂戴した。永年画室として使っていた所沢の本學院という寺で、矢谷先生は伊豆の自宅から折々に訪れては、私たち若輩を酒宴に招いてくださった。

いつも同行していた友人には古伊万里のころんとした茶碗を、「萠さんには、猿投の山茶碗だね」と思いがけず掌に載せてもらった。二箇所ニュー（ヒビ）があったが、私はその草色の上釉と、気品のある薄作りの碗形に一気に魅了された。

しかし先生は、何故私に猿投だったのだろう。

器そのものが私を呼んだのだろうか。

矢谷先生と骨董の話はあまりしなかったが、本學院に出かけるたびに先生の目と対話していたのだと思う。

黒百合は天平の水瓶に活け、中国の可憐な朝顔が庭の叢《くさむら》に自在に絡んでいた。

弥生や常滑の数々の壺の静まり返った奥の間から、清爽たる竹林が見えた。俗気を払うその竹林も、矢谷先生の作庭だったという。

（矢谷長治　二〇一四年十二月八日南伊豆にて病没）

信楽種壺（室町時代） 高さ45cm

無心の美

「私ね、骨董が好きなの」

二十代のころ、詩のグループ活動をしていた仲間の一人に、何がきっかけかは忘れたが思わず呟いてしまったことがあった。

「骨董？　あんたも年寄り趣味だな」

切って捨てるような心ない言葉が返って、絶句したことを今も記憶している。私は古くて美しいものが好きなの、と現在《いま》ならそう言うだろうか。

すでに私は十分年老いたが、若年時と較べて〈骨董〉全般を理解している訳でもない。ただ時を経たものの中に、美しいものが多いということを体得した歳月だった。そして、私自身が好きなのも、時代の流れにおいて目立つことのない日常の道具の中に多くあった。

それらは現代の作と何が異なるのか。材料も技法もちがってきているのだろうが、そういうことではない。

たとえば、室町期信楽の種壺と呼ばれている、いかにも無骨なへたり壺がある。他方は現代陶芸家が作陶した焼締め大壺で、その二つをわが脳裡に置いて眺めてみる。

現代製大壺は大胆な陶技が冴えていて、力強くうまいなァと思わせられる。室町の壺は、首の一部分が欠け、窯中で少し傾《かし》いだのだろう、尻もちをついたみたいにへたった失敗作のようだ。膨らんだ肩から胴部にかけて黒々とした釉が雪崩れ落ち、今にも動き出しそうな生彩を帯びている。だが、おそらくこの様相では、用途の種壺としては役立たなかったかもしれない。

しかし失敗部分は別にして、現代作にみる作者の美意識の如きものは感じさせず、注文者からの〈用〉に徹した造りである。それは日々壺作りに励む陶工の、無心の技法からおのずと滲み出す潔さがある。窯の中でへたらなければ、十分に役立つ農具の一つだったろう。

誰かに鑑賞してもらうことなど露ほども思わず、いかに頑丈に仕上げるかに心血が注がれたものの、清々しさ。

多くの〈欲〉を持たなかった（持てなかった）時代の、慎ましい無心の美が、ものに託して、老いた貧者の足許を照らしてくれていることを改めて思う。

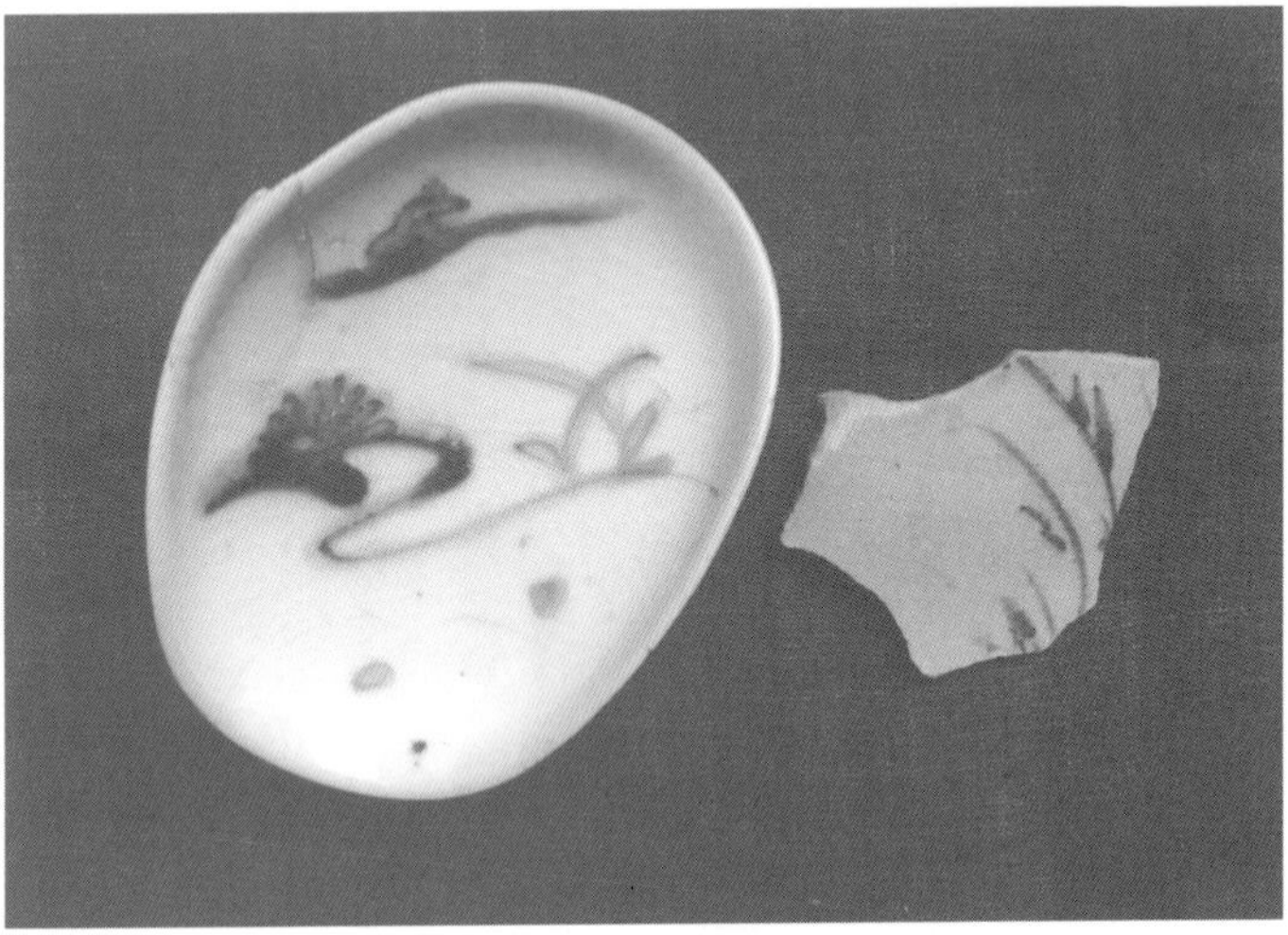

左　初期伊万里皿（江戸時代初期）　右／陶片　径８cm

カケラを一つ

東京立川市に在る神社での骨董市に出かけた時のことだった。何か素敵なものはないかしらと、あっちの店、こっちの店と覗いて、雑多な品々の中に陶片ばかり小振りの箱にガサッと入れた店で、束の間立ち止まる。

思うより先に手が出て、初期伊万里のカケラを一つ。

それが写真の向かって右の一片で、どうやら草が靡いている図のようだ。元は皿だったのだろう。寸法は最長辺で8センチ程。裏を返すと、削り出し高台が少し残って、そこに細かな目の砂が付着する。これは箸置きにぴったりで、店主においくらですかと声をかけた。

「500円でいいよ」

「じゃあ、ください」

「それ初期伊万里だから」

「好きですね、カケラでも」

「あんた、目がいいね」

思いがけなくも、初対面の店主にほめられてしまった。

私はガチャ目のひどい視力で、けれども好きなものだけは判ることが、子どもが手柄を立てたと同じでなんだか嬉しいのだ。小さな骨董市には、そんなささやかなものを介して、人と人との温かい往き交いがある。

伊万里ついでにもう一点。写真左は歪つに焼けた初期の流水図かと思える皿で、これは西荻窪のブリキ星で求めた一枚だ。

初期伊万里といっても窯はいくつもあって、右の陶片とは様相がちがう。私はこの失敗伊万里をおしぼり入れに使っている。

客人がおしぼりを手にすると、その下にはこんな優雅な絵付の皿が現れるのだ。しかし、幾人がこの絵皿に目を止めてくれただろう。上部の図は不明だが、中央左に菊らしき絵、右は草だろうか。中央に水の流れの線が走る。

私がことに惹れたのが、下部の広い余白に散らせた二枚の花びら模様である。初期の作に時折現れる小さな淡い丸文は、何を意味するのだろう。

この皿にもし二つの丸文が描かれていなければ、私は購入するのを諦めたかもしれない。

謎めいた図の多い初期伊万里は、右の陶片の、この小ささになってさえ、余白に風の流れを感じさせる格調の高さがあり、愛してやまない所以《ゆえん》である。

信楽種壺（室町時代）　高さ45cm

中世大壺のこと

信楽の大壺と、再び出会った。購入して二十数年、再びというより、初めて出会ったといえるのかもしれない。

壺が届けられて数年は、箪笥の際に目立たぬ様子で在った。時折窓辺に置いたり、壁際に移動したりした。

壺という存在は、その大きさ故にこちらのまなこから遠去かってしまうのか。対座して、私自身がその存在へ入る隙間がない気がした。壺は壺として、自足しているようだった。

ふと思い立ち、裏庭の隅に出す。

日々傍を往き来しながら、私は壺のことを失念した。

雨晒しのそこ。壺は庭で風雨塵芥を被り、地の揺れにビリビリ震えた。永年それは風景の一部だった。

その壺を今度は室内へ移動した。重いのでよろめきながら水洗いし、乾かし、気合いを入れて運んだ。

まずはそこから、その時から、室町期の信楽大壺と対面する。

三十代に熱中した、常滑のおおどかな平安末期経塚壺とは対照的に、この信楽は全容にふかい静寂を纏っている。立ち上がった口縁は欠けているが、肩はなだらかに張り出し、足許にかけてすぼまっていく線も自然だ。灰釉の被り物は、僅かに肩上部に降るばかり。信楽の烈しい釉だれに魅せられる壺好きたちにとって、素気ない壺と映るだろう。

それ故に土そのものがものを言う。大小の石が点々と噛んで、決して平板一様ではない。赤味を帯びつつ白っぽく抜けたり、丸い窪み等、凹凸の荒々しい月面の肌のようだなと思う。遠目からは、まるで女人のトルソである。

その信楽大壺を抱え、わが家まで運んでくれた〈古道具坂田〉の坂田さんはすでに亡い。友人から伝え聞いた際、諸行無常を思わずにはいられなかった。

風はさあーっと吹き抜けて行って、もう戻っては来ないのだ。

この壺は、目白（東京）の店の畳の間の、坂田さんが座っている少し後に在った。しんとした、目立つところのない静謐な壺。

それは家にあるどの壺とも異っていた。一度や二度で支払えないとわかっていて、自分の揺れを振り払うように「いただきます」と私は言った。店主にではなく、壺にそう言ったのだった。

埴輪頭部（古墳時代）　高さ17cm

著者による粘土造形　高さ5cm

埴輪のひとから

なんて大きな耳をしているの。なんて空疎なもの悲しい眸なの…とその店に入るなり、奥まった台上のその貌に心中で語りかけてしまった。

昔、奈良を歩いた時、ばったり出会った埴輪の頭部だ。

首からの高さは17センチ程ある。頭の被り物は、私には単純に帽子に思えるが、このひとが幼児なのか成人であるのか判らない。

それにしても傷ましいほど疵だらけだ。

右耳と両頬一面の補修はすぐに判った。このように復元されて、少年のような清爽とした面差しをしている。

旅先で持ち合わせがなく、店の方にお願いして帰宅後に送ってもらった。

埴輪は古墳時代のわが国特有の素焼き土器で、祭祀や魔除けなどで、古墳の墳丘に並べられたという。

写真で模したものが並んだ光景を見たことがあるが、とりどりの武具をまとったひとたちが、さんさんと降る陽ざしのもと、円筒型の埴輪の垣根に囲まれて、なんだかのんびりと娯しげに集《つど》っているようだった。

わが家に来てしまったそのひとは、およそ鎧・冑《かぶと》の類いを纏っていた様子には見えない。引き締まった口許と、切れ長の空洞のまなこを持つ、やや淋し気なこのひとは誰だろうと、真向かうたびにはるかな思念に誘われる。

焼きものの中でも、私は土を感じさせるものが好きだし、気まぐれに土を取寄せて何がなんだかわからぬままに、土を触ることがある。

土は冷えていて私を拒んでいるようにも思えるが、その気配を無視して指で伸ばしたり窪ませたり、次第に気分上々になってゆくのが面白い。まさに土に遊ばれているようだ。

爪楊枝で目の穴を明け、指先きで鼻をつまみ上げ、している内に、ひとの貌めいたものが出来上がる。それを幾つか台上に並べて、生まれたての種々の顔と対面する。沈思黙考の、微笑しているような土のひと達は、もしかしたらかの悠久の埴輪のひとから、ここにおいで、と囁くような小さな声で呼ばれて来たのかもしれない。

常滑経塚壺（平安時代末期）　高さ70cm

壺の懐《ふところ》

三十代半ばの頃鎌倉と横浜との境の、小高い山に囲まれた借家に、五年程棲んでいたことがあった。辺りにはコンビニもスーパーも何もなく、不自由ながらも溢れかかる緑の中の桃源郷のような場所だった。

満身創痍《まんしんそうい》の如き当時の自分が、徐々に心身を快復させるのに必要な場所だったのだと思う。

ある日、来客など殆どない家に二人組の男性客が訪れ、一人は旧知の詩人仲間で、もう一人は画描きだとのことだった。彼らの訪問の目的は時間が経ってから判ったが、がらんとして何もないような家に大小の壺がいくつか在るのが珍しかったのか、話題は壺の話になった。

畳の上に置いた七十センチほどの大壺（経塚壺で、平安末期ごろの古常滑焼）にとりわけ関心が集まった。

「それにしても凄い壺ですね」

「あなたはこんな巨きなものを、よくぞ買いましたね」

等彼らは口々に言い、しばらくお茶を飲みながら、古陶談義に花が咲いた。

それからややあって、詩人のY氏に促された画描きの男性が、持参した風呂敷包みを解いて、自身の作品だろうと思われる油彩画を、数点私の前に差し出した。

画のことなど判断のつかぬ私に、何ごと?と訝しんでいると、Y氏が口を挟んだ。

「気に入ったものがあれば、一点でも買ってやって頂けませんか?」

思いもしなかった申し出に、私はたぶん目を白黒させたと思う。

なんということをこの人達はのたまうのか。私のどこに、画を購入できるような余力があると映ったのか。

重厚な色調の作風だったが、詳しくはもう憶えていない。

心身共窮乏にいる者に、傷みを逆撫でするようだった彼らの訪問。

画描きの男性もまた、画を売る以外生きるすべがないのだと察することはできたが、私では何の力にもなり得なかった。

この大きな壺は、どこまでも超然として静かだ。現在の手狭な借家に在っても、深沈とした息を放ち、その虚ろの如き懐に、無数の傷痕を蔵してたじろぐことがない。

市松人形（昭和時代）

人形の桃子と

名前を、桃子《ももこ》という。

この子は古道具店の雑然とした店先きで、裸同然の腹当てしか付けていなかった。可憐というよりは、その貧しい身なりと、寂し気に微笑んでいる姿に惹かれ、迷いもなく私は家に連れて帰ってきた。

赤ん坊の頃、私が着ていた母の手縫いの木綿の着物を、その人形に着せるとよく似合って、桃の花が咲いたようだった。あれから私は人形の桃子と、二人で生きてきた気がする。

窓辺に座って、諸行無情の世も、わが変転の歳月にも黙して静かに微笑んでいる。

桃子は人形だけれど、本当に人形なのだろうか。

人の形をなぞった、人間そっくりの小さな存在。

あまりに人に似せて作られたために、箪笥の上に坐っている桃子を、〈人形〉と突き放して見ることが私にはできなかった。

激しく人に絶望し、直後に移り棲んだ家の、周辺に溢れる自然界の植物や、野の生き物以外、空疎な心に受容できるものは何もなかった。

山のふもとの一軒家。

その山に遮られ陽の射さない庭では、春たけなわになってようやく蕗のとうが咲いた。あの眩しいさみどりの光を手に、私は自分がここで蘇ってゆくのをおぼえた。

朝日のきらめく庭に、小鳥たちが次々に飛来する。メジロ、ウグイス、アオジ、ジョウビタキもいた。私はパンの耳を沢山貰い、餌やりに忙しかった。庭のまん中に、土竜《もぐら》らしき黒い手（前肢）が伸びて、皿のパン屑を浚って行ったこともある。ネズミも来た。そこではどの生き物も私の仲間だった。

竹を植え、下野《しもつけ》や白山吹、沙羅の木を植え、苔をせっせと移植して季節の風光に我を忘れた。早朝から庭にいる泥の手の私を、桃子は傍らの窓際でじっと見ていた。山の端に陽が落ちる頃、薄明の部屋で椅子にもたれ、泪をこぼしつづける私を見ていた、と思う。そんな生の選択しかできなかった愚者を、笑みながら桃子は見ていた。

野性に還ったようだった短い浄福の日々。

人形である桃子は黒い瞳の奥に一切を秘して、現在《いま》も私と共にいる。

Ⅲ　夢を曳いて

琉球徳利（沖縄）　高さ14.8cm

琉球徳利のこと

古い水屋簞笥の引き戸の中に、いくつかの徳利が並んでいる。

かつて古陶好きの友人たちと集う時は、他の徳利と共にこの〝琉球〟(八重山ではないかと思われる)も並ぶが、手取りが大層重いので、いつまでも酒の減らない徳利だと錯覚するほどだ。自慢したいような名品でなく、李朝のように高価でもない。

だが私には、他の古陶と比較しても、何ら遜色のない一本だと思える。

この〝琉球〟を目にすると、昔むかしのほろ苦い記憶が蘇る。

あの人は、どうしているだろうか。当時と変らず古い美しいものを追っかけているだろうか。

私が店番をするその骨董店に、月に一度ほど来店する常連の客で、私より少し若い人だった。その店は古今東西のものを広く扱い、毎日のように何かが入荷するので、コレクターたちには目の離せない一軒だった。

朝来て、夕方また立ち寄っていく人もいた。私がお茶を淹れると一、二時間話し込んでいく人もいた。ものとお茶とお喋りとを、毎日の娯しみに来店する常連客も多かった。

その日も出勤すると、店主が奥の狭い空間にいくつかの品物を置いて外出するところだった。

「帰ってから値札を付けますから」と言い、そのまま出かけて行った。

一人になり、客人が来店するまでの僅かな時間が私は大層好きで、誰にも気兼ねせず、新入荷の品を手にとってじっくり眺める。私のものへの想いは、その頃そうして自分でも気づかぬ内に育くまれたものかもしれない。

気にかかる骨董が稀に入荷すると、店頭へ並べる前に「私、これ買います」と宣言して、店主を苦笑させた。

その朝の、いくつかの品々の中に琉球のこの徳利があった。目にした瞬時に買おうと決めた。

15センチ近い高さの、ずしっと手取りの重い徳利は、口辺にV字形の欠損と小さいホツがあり、お世辞にも高価なものには見えなかった。持ち重りしすぎるのは欠点だが、焼き締め特有の引き締まった黒褐色の陶肌に、自然釉かと思われる、黄色い釉がまばらに掛かっているのが実に美しかった。

肩辺りに二本の胴紐があるだけの、質実剛健な堂々たる焼き物だ。底部にかけて膨らんだ胴の張り具合と、やや太めの首づくりも健康的な逞しさがあった。

私は焼き締めの陶に弱い。自分の中の、何故か深くある土そのものへの憧憬が、焼き締めに向かわせるのだろうか。これまで沖縄の古陶にはなじみはなく、野太い存在感に圧倒される心地がした。

もの憶いに一人ふけっている時、顔見知りになっていたあの青年が店の奥に入って来た。挨拶もそこそこに彼は徳利を指し「これは？　おいくらですか？」とたたみかけてくる。私はドキッとして、心臓が早鐘を打ち出した。

「主人が夕方戻るまで何も判らないんです」申し訳ありせんと重ねてお詫びをする。これは駄目。誰にもゆずれないの、と心の内で呟きながら「夕方頃にまたおいで下さい」と帰ってもらった。

観光地の鎌倉は社寺仏閣も多く、古美術店も沢山軒を連ねている。ぐるっと廻り、帰路に立ち寄ればちょうど夕刻となるだろう。青年は数時間を置いてその後二度立ち寄ったが、店主は戻らなかった。肩を落として店を出て行く彼の後姿を、私はまだ憶えている。

大げさに言うなら、こうしてものの運命は岐《わか》れて行くのだろう。私の責任でないとはいえ、好きなものがかち合ってしまった〝不運〟に、矛盾するようだがしばらくは私自身の胸も痛んだ。

遅く戻った店主に値を問うと、「琉球のものは市場価格がまだ定まってないんです」と言いながら、想像していた以上の安値を告げられた。

この四十数年、さらに貧しくなったわが家の一隅にふさわしく、現在《いま》も変らずにそれは在る。

時折、自分の個展会場に持参し、咲き残りのホトトギスや野菊を挿して片隅に飾っている。

万古急須（昭和時代　笹岡秦山作）　高さ6.5cm

一枚の喪中葉書

昨年の暮れになって、一人の見知らぬ女性から喪中葉書が届いた。

「母Yが十月七日に七十二歳にて永眠いたしました」

私と同世代だったYさんの逝去に、しばし茫然として、一気に頭の中を何かがめまぐるしく馳け巡る。

彼女とは、名古屋駅前の琴の教室で一緒だったが、四十年以上も昔のことで、そのしばらく後に私は鎌倉に転居、友人らしい交流は、僅かな日々だったのではないかと思う。

それからの永い歳月にも、地味でもの静かなYさんは、住所も氏名も一度として変更がなく、私は終生独身のひとと思い込んでいたのだ。娘さんがおられたことにどんなに驚嘆しただろう。今になって振り返れば、彼女は何故か私の人生の二つの岐点に、灯のようなものをともしてくれた大切なひとだった、と感慨深い。

琴の教室で語り合ううち、Yさんは三重県の四日市から毎週電車で通っていることを知った。私は四日市の万古《ばんこ》急須作家である笹岡秦山《しんざん》氏のことを調べてほしいと依頼した。

「叔父が万古焼協会の関係者でね、『笹岡秦山というひとはいないけど、笹岡春山さんならいる』って言ってるの」

ああ、私が会いたくてたまらなかった秦山さんは、万古にはいない……という事実の前で少なからず動揺したが、とにかく何か判るかもしれないからと二人で春山氏の陶房に出かけた。

歓談ののち帰り際になって、ようやく訪問の目的を当人に告げると、秦山と春山は実は共に自分のことで、ろくろ形成の急須は秦山銘で、手びねりの方は春山なのだと、含羞の笑を浮かべながら頬を染めて話されたことを、昨日のことのように憶い出す。

〈秦山急須〉というのは、古陶となった名人達の急須にも劣らぬ、引き緊った渋くも愛らしい作風で、古美術評論家の秦《はた》秀雄が、当時の『季刊銀花』や『小さな蕾』誌上で紹介、全国的に知られるようになっていたのだ。煎茶好きだった私も秦さんから宅送便で譲り受け、日々に掌中の珠の如く愛用していて、作者に憧憬を募らせていた。

Yさんのお陰で急須の真実が判ったものの、既に私は鎌倉への転居が決まっていた。それからは年に一、二度日帰りで四日市に通った。

寡黙でどこか飄々とした誠実な人柄の秦山さんと、陶房の一隅で、彼の愛蔵のクラシックレコードを聴きながら、焼き上がった沢山の急須を見て語り合った一刻は、至福の時間といってよかった。事前に訪問を知らせると、バス停で立って待っていて下さった。

「若いあなたが、どうしてこんな無骨な急須に理解を示して下さるのか…」と秦山さんは折々に呟かれたが、美を求めるのに年齢など関係ないのだと当時も現在《いま》も思っている。

＊

鎌倉の小町通りの小さな画廊で、書と写真の私の初めての個展を開催した時、四日市のYさんにも案内状を送付したら、彼女から早咲きの桜の大きな花束がお祝いに届いた。

会場へ私は常滑《とこなめ》平安時代の経塚壺を持参し、全面ガラス張りのショウウインドウに、その桜だけを飾った。遠路から来廊してくれた友人達や、通りを行く観光客にも注目を集め、その花は、私の未熟な書作品などより愉しんでもらえたようだった。

その後、思いがけず笹岡秦山さんは持病の心臓発作で逝去され、幾年にも亘る私の四日市通いが終った。

懐かしい一人の友の死から、懐かしいかつてが鮮明に焙り出される。

私は一枚の喪中葉書を手に、ぼんやりと窓際の籐椅子に座ったままだ。

こたつから抜け出して私の足許まで来た猫が、甘えるような声で鳴いている。長い回想にまだ浸ったままの私を、呼び戻すように鳴いている。

貧しくも、一途な情熱だけを燃やさずにいられなかった若い日々が、ひとつの熱い時代が、こうして緩やかにわが脳裡から遠去かって行く。

女人楽人俑（唐時代　黒崎政男蔵
写真共）

女人楽人俑（唐時代）高さ27.5cm

舞姫たちの再会

先程届いた郵便物の中に一通の白い封書があって、裏返すと、あ、クロサキ、と声が出た。ほんもの？と高揚する心地で封を切る。

東京女子大学黒崎政男名誉教授から、果たして返信が来るか否か。来なくてもそれはそれでと思っていたのだが、満寿屋の原稿用紙に認められた直筆の手紙を目にして、やっぱりクロサキは何者かだ、と感動してしまう。

中には写真も三枚在中されていて、この俑《ヒト》が先生の舞姫なのね、と婦人俑の姿を矯《た》めつ眇《すが》めつ眺める。教授の著書*に掲載されている自宅の飾り棚の写真は、小さなものだったのでこうして見ていると、わが貧屋の舞姫と出自が全く同じだと納得した。中国唐時代前期頃の細身で清楚な婦人俑が、あちらとこちらで出会って、いや手の向きは異なり、その表情も教授の舞姫がやや大人っぽく妖艶。わが方はまだ幼さの漂う微笑を湛えている。しかし、この二人は間違いなく〝姉妹〟と思えた。（しかし、わが舞姫は購入時点で首と右手が折れているのを補修されていて、教授の典雅な風情の舞姫には疵はないようだった）

ことの始まりは、NHKのラジオ番組だ。年末の大晦日、黒崎教授の蓄音機によるSPレコードコンサートとかいう午後の三時間に亘る番組があり、私はそのファンだった。年に一度の番組は永く続き、普段聴くことの出来ないSPレコードを、竹針や特殊な針を用いた、手廻し蓄音機での放送である。クラシックから戦前の古い歌謡曲までという魅力溢れる選曲だ。針が盤上にそおっと落とされる一瞬の、あるともないともいえる針音と、それを操作する人（時にはクロサキ教授自身）の息づかいまでが私たち視聴者にもたらされる。大晦日という、一年を見送る日の、ラジオからの（黒崎教授からの）放送を介した贅沢な贈り物となっている。

昨年は大晦日ではなく、なぜか他の時期の放送で、その折アナウンサーが「黒崎先生は、骨董品もコレクションしておられ」と話しているのを耳にして、まったく迂闊だったことに気づいた。友人に話すと、ただちにその著書を探し出し、私宛に送ってくれた。そこから冒頭の舞姫の話が始まる。ラジオから届く、含羞を滲ませた語り口の黒崎教授に憧れはしても、単なる視聴者の私には遠い存在ではあった。（現在も遠いままだが）。遺品の多くはないだろう唐の俑の発見一致がなければ、畏れ多くも手紙など（骨董を綴った自著に添えてではあったが）出しはしなかっただろう。

「この二姫をながめていると、千何百年離れていた姉妹が、何かの縁によって、ここで再会しているといった感じがしてきます」

万年筆で認められた黒崎教授からの端正な手紙を読み返し、改めて静かな感動に包まれている。

＊黒崎政男著『哲学者クロサキの哲学する骨董』（淡交社）

山茶花の緋色

晩秋の午後、名古屋在住で、大学教授をしている近藤郁夫さんを誘って、東京・西荻窪での小さな骨董祭に出かけた。

もう欲しいものなどないから、とわが心に言い聞かせ、それでも出かけてみれば古畳の大広間での縁日風情に、なんだかどぎまぎと融け込んでしまう。

お酒好きの彼は、李朝刷毛目の坏と山皿を購い、満面の笑みでご機嫌だ。

目移りしながらも、私は新羅のマグカップ風土器の、硬質な土肌に魅了されたが、迷いつつ断念した。

やや負け惜しみの念ながら、買えなかったということの余韻もいいものだと思う。自分の手許にものはないが、幻が残る。

それから少し歩いて、友人の営む古美術砧まで行った。

硝子窓へ、うつむき加減に籠に活けられた山茶花の緋色に、二人並んで「あっ」と声が出た。

掛け花の、たった一輪の小花の宇宙。

おそらくその花は、転移してしまった大病の手術を間近かに控えている彼の目にも、永久《とわ》の幻花の灯《ひ》をともしたにちがいない。

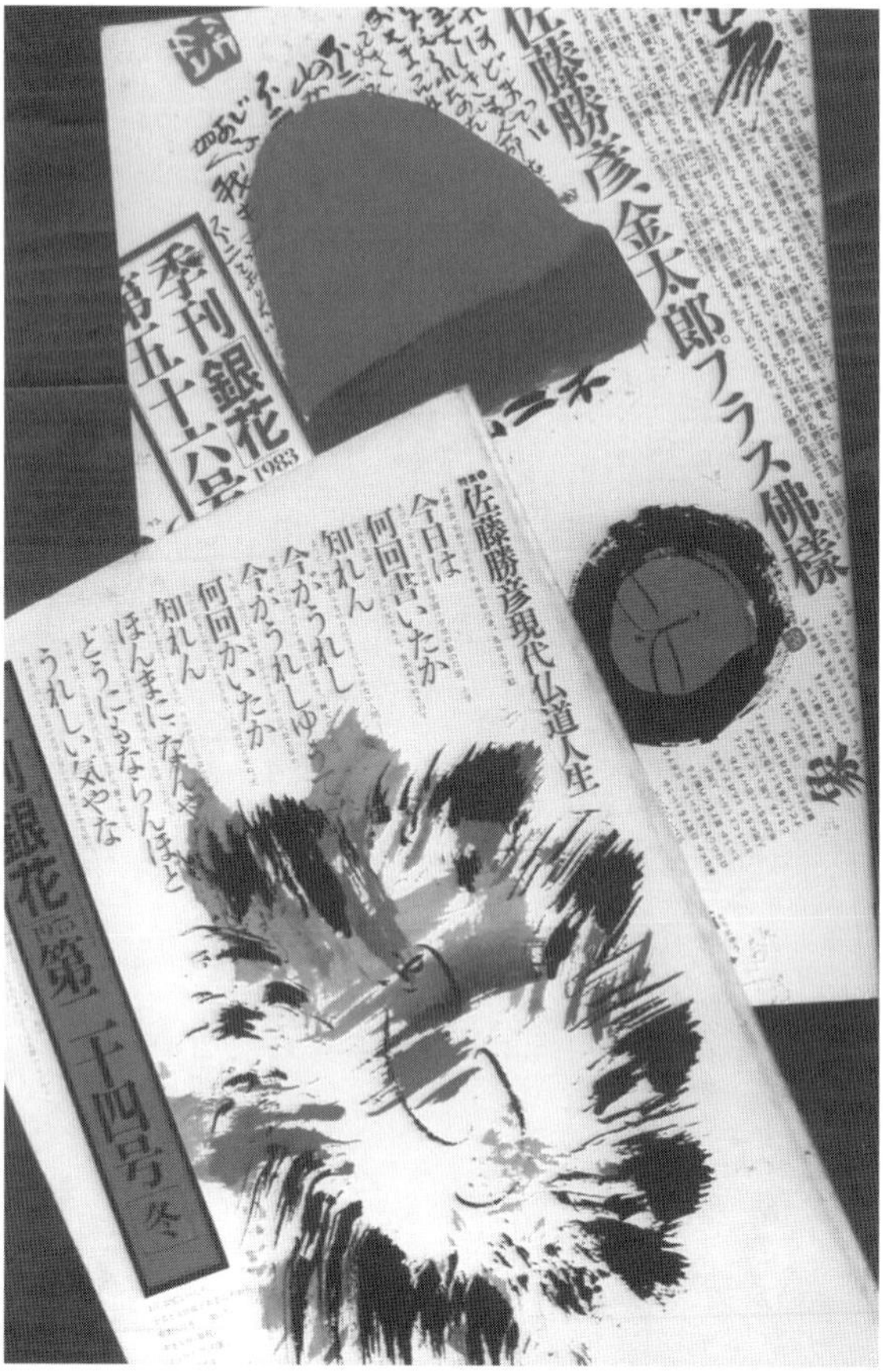
佐藤勝彦、金太郎プラス佛様
季刊銀花
第五十六号
1983
特集 佐藤勝彦現代仏道人生
今日は
何回言いたか
知れん
今からうれし
何回かいたか
知れん
うれしい気やな
刊銀花
第五十四号
冬

奈良の巨人

人の記憶というのは、体験による事実認識から始まっているとしても、ふと事実が他の何かと入れ替わってしまうことが時にある。一年、五年など瞬くまに朧ろとなり、記憶という曖昧さも、また人生においては愛すべき事象なのかもしれない。

関西の奈良に、佐藤勝彦というケタ外れの芸術家がいた。古陶や古美術品を蒐集し、書画三昧、やきもの三昧の日々に大自然と対座し、生命の根幹を問い続けてやまない稀有の存在《ひと》であった。

ある時、永い交流の中でカツヒコから私に届いた手紙に、思いがけないことが記されていて、〈記憶〉というものについて改めて思わずにはいられなかった。

カツヒコの手紙は、大変に美しい。

彼のその作品同様に、手紙も見事にカツヒコ作品そのものである。時代色のついた褐色の手漉き画仙紙に、リズムに乗るように墨が走る。カツヒコの魂の躍動を見る心地がする。

ある日の一通に、その昔、新宿の銀花コーナーで出会った私の印象が、流れるような勢いに乗った墨で書かれていた。だが、私は確かにその会場にいたが、その女性《ひと》、ではなかった。

「インドネシアかどこかの赤い織物の服を着、目鼻がはっきりした女性を今もそのまま思い出します」と書かれていて、驚愕した。『季刊銀花』という文化雑誌で、全国的にその名の轟いた佐藤勝彦本人の前で、さらりと向き合ってこちらを憶えてもらえる程の度胸を、私は持っていない。

会場の、詰めかけた大勢の人々の肩越しに、超然と書画の筆を動かし、石に印など刻《ほ》る大人《たいじん》を、一番後ろでそっと息を詰めながらどぎまぎと凝視めていただけだった。赤い服の似合う美人と、人影に隠れるようにそこにいた私とが、いったいいつ入れ替わってしまったのか。経年の流れの中での記憶違いのかなしさ、おろかしさ。

勝彦は、その間三重や石川県などの人の棲まなくなった古民家を購入。自身で内装を変え、蒐集した骨董を主に自作品も展示する。そこは仕事場でもあった。

「一度あなたを呼んで、見てもらいたいとも思っていました」

そんな便りをもらいながらカツヒコ美の王国には遂に足を踏み入れぬままになった。

「その女性は、私ではありません」と当人に告げたかどうかも、今は霧の彼方である。

巻紙の長い手紙を幾度も読み返し、巨人佐藤勝彦を懐かしく憶い出している。

（2017年3月13日奈良にて病没）

李朝刷毛目茶碗（李朝前期）径17.7cm

日々のお茶

朝食の後片付けや洗濯がすむと、私は自分のためにお茶を点《た》てる。茶碗はその時々の気分、寒気の強い今日のような日でも、李朝刷毛目のぱあーっと開いた大振りの器が気持に添うこともある。

台所で点ててからこたつの上に運び、まずは正座して、ふうわりと点った抹茶の馥郁とした味わいに浸りたい。

この日の李朝刷毛目は、焼成時の失敗作で器体が斜めにかしぎ、焼きは甘く、刷毛目部分の釉むけも多々あって、その上、三分の一の箇所が二つに割れたのを、銀で修理した欠点だらけの茶碗だ。古陶好きの人でも、ここまでぼろぼろの茶碗は使うかどうか。買った時もそう思い、用いるたびにそう思ってしまうのに、私は何故かこの茶碗が好きなのだ。

この好きという一瞬にくる感覚は、喫《きっ》し終えてのちにいっそう深まる。失敗とはいっても、熟練の陶工によって、ざんぶりと素早く引かれただろう一筆の刷毛目は、龍の図と見紛うほどの勢いあふれた筆捌きである。

幼少時より古民芸の品々に親しんできたという、友人の尾久彰三さんが訪ねてくれた折も、私はこの刷毛目にお茶を点ててもてなした。

「や、いいお茶碗だ。どうしてこんなにいいんだろう……」

目を細め、喫し終えてからしみじみと両の手に包み込んで、ひとりごちている彼に、

「いいお茶碗ね」と声を重ねて、何か豊潤なもので満ちてゆくその時間を倖せに思った。

私は〈茶道〉のことは何ひとつ知らない。

点て方も喫《の》み方も無作法そのものだ。

お茶が好きだから点てるだけの、ただそれだけの日々である。

借りて棲むつましい暮らしの心弾むひととき。ひとり喫み、友と喫む、かけがえの

ない時間をいつくしんでいたいと思う。

ビーズ（アフリカ　年代不詳）

〈薬〉のお見舞い

「とても効きます」

体調を崩して日々を臥していた私に届けられた、詩人朝子さんからの、〈薬〉のお見舞い。昔ながらの紙の薬包みをそっと開くと、なんと古い古い時代のアフリカのビーズがあらわれた。どれ一つ同じもののない、極小の土の粒々。

これは、カミサマの落とした泪ね。

風化し、彩色も剝落して、玉虫色に銀化しているものもある、永い途方もない土中の眠りに、どこかがヒリッと痛くなるような、はかないこの粒たちは、何を夢見てきたのか。何に醒めてきたのか。

「効きすぎよ」

じゅわっと泪が出て、遠く離れた地にいる朝子さんに心の中で呟く。

贈り物

「詩集を戴いたお礼に」と、その人は黒いカウンターの台の上に、そっと硝子の丸いシャーレを置いた。

意表を衝いた贈り物に、茫然と突っ立って、息を呑む。

「あ、凄い……」と言ったような気がする。

それから黙って、その不可思議な光の闇へ吸い込まれてしまった。小さく呼吸をしてもその儚い永遠は飛散するので、シャーレの蓋をしてから眺める。息を止めるようにして、しんと眺める。

これは決して私たちが触れることのかなわぬ、美の極致。そして、〈時〉そのもののカケラなのだった。

二千年の時空を超え、ここに、私たちの前に零れ出る。二つと同じものはなく、薄く透けて赤に青に銀彩で神秘に光る。

拙詩集『草の瞳』のラストに、〝天の硝子〟という題の、古代ローマングラスに触れた作品がある。

「あの詩を読んでしまったので」と、その人は言った。

ああ　誰もそれ以上
近づいてはいけない
古代硝子の器の　かの
銀色に
あれは天の追憶だから

「天の硝子」最終連

その人の所持する一個のローマングラスの壜から、薄い銀化の部分が剝落し、その剝落のキレギレを、私が頂戴した。

銀化とは、まさしく時の零《こぼ》しつづける泪、なのかもしれない。

冬の朝に

朝の珈琲のあと、私は草茶やごぼう茶、鉄観音などを煮出して飲む。それらをどの器で飲むか、も朝のちょっとした娯しみである。飲めれば何でもいい、とは決して思わない。私にとってのそのひとときは、ただお茶を飲むというより、お茶を飲みながら何かに思いをいたす（馳せる）いたって内的な時間でもある。

新年まもない頃、所沢の古美術柿の木さんへ旧友と遊びに出かけ、古瀬戸飴釉のころんと丸い疵だらけの茶碗に出合った。

口辺がびりびりに欠けていて、修理もされていない器は痛ましい限りだが、手にとると吸い込まれそうに見込み（碗底）が深く、思わず「わあっ」と声が出た。土中に埋まっていた証《しるし》のような、猫のあしあとのような薄いくっつきも点々とある。釉調はややカセ気味だ。けれどもろくろ目は端正で力勁く、何より釉だまりになった底に、青白い窯変の花が咲いている。その見事さに、息を呑む。

「このお茶碗、濡れたらきれいだよね」

店主の柿谷さんに話しかけると、「桃山か、もうちょっとさかのぼって室町か。いい茶碗だ」と、満身創痍の一個を巡って、替わるがわる手に取り合った。

美しいものを前に、互いに讃え合うこんな時間がこよなく好きだ。そんな時は、決してものの欠点をあげつらったりしない。

「野菊なんか似合うね」と友人が言い、「うん、野の花だよね」と応えて、秋の玄関口に群れて咲く淡紫の野菊を一茎、渋いこの器に入れれば、口辺の傷みもさほど気にならないだろうと思えた。ふところ深い古器は、可憐な野の花を抱いて、これ以上なく優しい景色を作り出してくれるだろう。

持ち帰った茶碗を丁寧に洗い、翌朝まずは一服と、薄茶ならぬ沸かした草茶を娯しむ。疵のない部分に注意を向けて、湯気と共にかぐわしいお茶を飲む。飲み干したあとのまだ濡れている見込みの窯変の美しさ。およそ発掘の参考品でしかなかった器に、しみじみと慰めてもらう冬の朝だ。

陶片に憶う

陶片に触れると、私はなぜこんなにも心が騒ぐのだろう。縄文、初期伊万里、常滑《とこなめ》や美濃など、その大小にかかわらず私の胸の琴線《きんせん》を小刻みに揺らす。

時として、全き姿を成しているものより、何らかの事情によって元の形を失ってしまった失敗作に、強い吸引力で惹き寄せられることがある。

ある店で、渥美古窯だろうといわれる大鉢の陶片にさわったときも、ああっと思い、胸が波立った。

「私、こういうの大好きなんです……」

ずっしりとした重量感のあるかけらを握りしめると、店の主人も思わずつり込まれたように笑みを洩らし、

「いやあ、いいんですよね。……何かになれば、とも思うんですが」

それは、何かになれば愉しく、何かにならないとしても陶片は陶片の語りを持っていて、十全に満ちている。

土の塊として台の上に置いておくだけで、そこから物語が始まる。世界はこのようにひび割れ欠けているのだと、私の眸を覗き込んで真実を告げる姿なき存在もいて。かけらになってしまったことで、かつて鉢という用途をもつはずだったそれは、具体であることを放棄し、やや湾曲した面をなす抽象となって、畳の上に静まり返っている。現代における抽象画より抽象の、人巧の及ばぬ肌合いの面白さは、どんなに見ても飽きることがない。

伏せ焼きされた鉢の、高台際《こうだいぎわ》の厚みは二センチ程あり、口辺《こうへん》にかけて徐々に薄作りになっている。丸みを帯びたその器面を、一部分なまこ釉に青白く輝きながら、暗褐色の自然釉がさざ波立って覆う。ところどころに釉むけがあり、風化のカセは全体に拡がって、地割れを想起させる亀裂も二、三本。それが土の面をひときわ鮮明にさせ、躍動感をもたらしているのだ。

でこぼこぶつぶつの、みみず腫れのような釉肌を抜けて、そこは渚かと思われる引きしまった茶褐色の素地が、口辺に沿って広がっている。激しい潮風に押されつつ、ある入口のように暗くしんしんと横たわる渚。

渥美の海は、かげりを拒んで、白い眩しい幻影が若年時の昔へと私を誘《いざな》って行く。近づき遠のいて、一目散に砂の上を駆け抜けた記憶の断片。海鳥が波間を舞い、人の声は茫々としてとどかず、私は無防備な心をもてあましていた。

陶片の汀は、そんな傷みのない海、ではなく、懼《おそ》れに哮《たけ》る波が押し寄せ、潔く引いて行く。その絶え間なき生命の、修羅のごときリズム。

いったいどのような災禍が振りかかってきたのか、早々と窯中で身を割ってしまった鉢の、おのれの内より真髄を取り出したもの、が、この陶片だと思われてならなかった。

このかたちは、美に属するものだろうか。あるいは、傷つかずには生きてこられなかった〈人生の断面〉なのか。

石ころ一つと、三日でも一年でも暮らしていられると言ったのは画家の熊谷守一だったが、陶片一つで私も何日でも遊んでいられるように思う。

沈思するかけらの上を、ちらちらと木洩れ陽が揺れている。光と影の、星屑を散らしたような戯れに、古いスピーカーからリュートの音色が近づいてくる。寄せては返す絶えまないさざ波の、白い飛沫のようなさざめきの一刻。

「きれいかどうかよりも、存在そのものがいとおしいような、そんな音づくりをしていきたい」

ある古楽器奏者の言葉が、そんなまなかに光の矢になって降って来る。

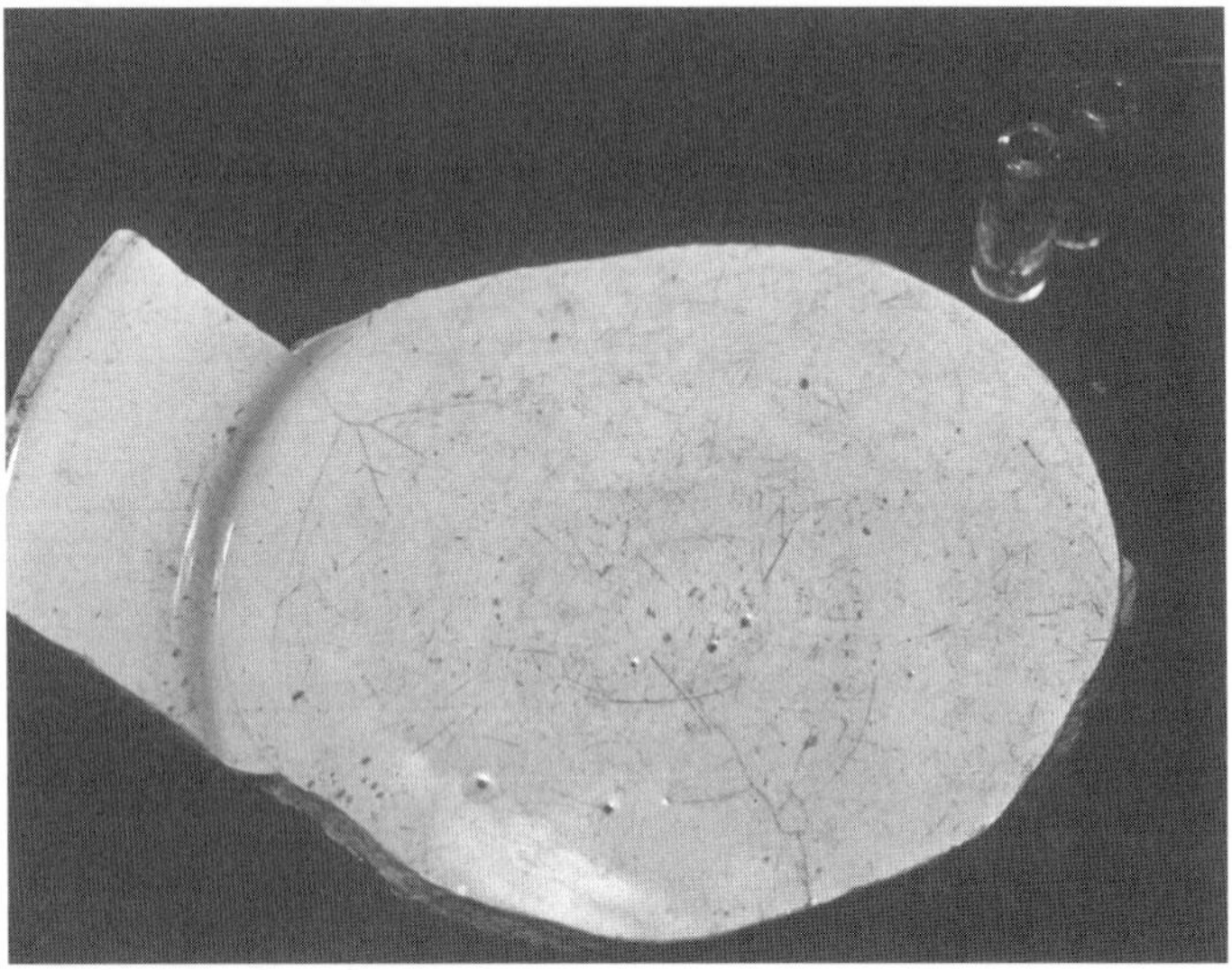

デルフト白釉陶片（オランダ　17世紀） 径18.4cm

一個の、遠い陶片

窓際のテーブルの横に、脚の長い物置台がある。何か実用的なものを（読みかけの本や、届いた手紙などを）置くのに重宝しそうで、最近求めた中古の台である。

しかし、すぐ傍のテーブルとほぼ同じ高さのそれに、二、三冊の本を載せても新鮮な感じもなく、なんだかわざとらしく見える。それでは、と小振りの常滑の壺を飾ってみたりしたが、黒のペンキを塗られた細長いパイプの脚との均衡がとれない。さては、この台そのものが私の部屋に合わないのか、とため息をついた。

少しなさけない思いで新参の台を眺める。

ものが置けるのは、トタン板が貼られた真四角の天辺部分と、足もとに近い辺りに、さらに細目のパイプが四本渡されている部分で、装飾的なものは一切ない。

店で見つけたとき、天板部分には何故か古びた水道の蛇口が一つ、ぽつんと載せてあった。意味があるようなないようなあの不思議な取り合わせが、妙に気に懸かり、そのとき私は、魔法をかけられてしまったのかもしれない。

家でこうして眺めていると、全体は無駄のない黒い線で構成されていて、ほっそりしたシルエットは、やはり美しかった。

台が在るだけでいいよね。いつか役に立つこともあるから。

私は胸の中で弁解がましく自分に言ってみる。

すでに窓際の一角では、最初から在ったもののように、軽い繊細な影が沈んでいる。木洩れ陽が午後になって斜めに射し込み、テーブルや台の上が、きらきらと輝き始める。私はこの借家《いえ》に三十数年暮らしていても、晴れの日の極上の陽光には感動する。

寒気で萎縮していた心も細胞も一気に弾け、さあーっと幕が上がっていく気分。そうだ。この台には、光のかけらのようなデルフトの陶片を置いてみよう。高台《こうだい》のない、平たいばかりの、かつて皿だった白いやきもの。それを、平たい天板にのっけてみよう。瞬間のひらめきが私の脳髄を駈け巡り、体中ぞくぞくしてくる。

オランダの運河から発掘されたという十七世紀の平皿は、どのような強い衝撃を受けたのか、斜めに立ち上がる口縁の一部分を残して、ゆるやかな楕円形に割れている。まだ磁器が焼かれない時代の、白磁に似せた白釉陶。

その器面のやわらかな質感はほんとうに素晴らしく、清爽の気が溢れる。無数の擦り傷や貫入《かんにゅう》（ヒビ）が縦横に走り、抽象画が描かれているのかと思ってしまう。鋭利な極細の刃物で引っ掻いた銅版画のようでもある。

見ても見ても見尽せない、一個の、遠い陶片。

それをダーク・グレーのトタン板の台上にそっと置く。

そこにいきなり光が散乱するのだ。

止まり木のような台から、今しも何処かへ漕ぎ出だす一艘の舟であり、泰山木の天上の真白い花弁。

もの言わぬかけらは、時空を超え、国を越えて今貧しい者の窓辺で何を夢みる。

木洩れ陽は静かに激しく乱舞し、いずれが光か陶片か、見きわめ難く燃え上がる。

白木蓮の闇

あるとき思いついて、部屋の間仕切の板戸を、素通しの千本格子の戸に替えたことがあった。雑巾がけを終えて畳に坐ると、普段見慣れたその場所から何かが発って行ったのが視えた。

そして、別の何かがすでに新しく始まっている。

その格子戸は、前に立てていた板戸よりも、幅が幾分狭く作られていて、戸の向こう側に位置する常滑《とこなめ》大壺が、私の坐っている場所からは、全容として見えるようになった。

すだれ越しの淡彩画のような風景や、格子戸越しの光景は、現実であって現実ではない、どこか神秘的で茫洋としている。

視えないようで、視えている。

現《うつつ》世界から幻世界に移行してゆく、陽の傾き。

格子戸のこちらでは、画家熊谷榧《くまがいかや》さん手びねりの白化粧魚文丸壺が、細い格子の影を斜めに享けている。影を自分の上にすべらせた丸壺は、何かが透けて行くようで、坐っている側に位置しても、すでにこの世のものとは思われない。

何日か前から憑かれたように、李朝白磁の提灯壺《ちょうちんつぼ》のことを夢想していた。それはおよそ私に遠いもので、いつまで経っても遠いままだ。

白磁提灯壺と書いたが、本当はそうではないのかもしれない。それは仮の名であって、本来名付けることのかなわぬ存在《もの》なのだろう。

穏やかに光っていた。

そこに動じぬなりをして、見てきたことも、身に振りかかったこともおくびにも出さずに。

まっすぐ立ち上がった口作りのすぐ下から、緊張感に充ちた仄青い磁肌が、鷹揚に海のようにみなぎっている。

まるでそれは海であった。

寄せては返し、瞬時も熄むことのない波動。

陽の移ろいを反照させながら、安らかに遠ざかって行く暮れ方の海。

私は壺を視て、海を視たのだった。

はるかな波の律動が、静寂な壺の内側から微かに伝播してくるのがわかる。

どんな言葉も私からはがれていった。

昔、太平洋のうららかな渚で、あれが水平線、と不変の象《かたち》をなぞったように、いま、白くしろく暮れなずむ一個の壺の線を憶う。

憶い見るうち、何故だか哀しみが徐々に喉元を浸してくる時の、あのヒリヒリする感覚がこみ上げてきた。

しかし、私は哀しいわけがなかった。

眼を閉じているのは

あなたを見たいからです
黙っているのはあなたに
お話したいことがあるからです

でもあなたは御存じないから
お疲れですねと出てゆかれた
つゆあじさいの濡れて
あやしく光る午後に

画家山本蘭村の詩「ある午後に」が、ふとチェンバロの音色で鳴り始める。目を見開いて憶い、目を閉じてなお憶う。

得られないと百も承知で、人は何故、私は何故、思いを振り解くことができないのだろう。所有するか否か、それは生と死ほどの、超えることのかなわぬ闇でもあろうか。

例年より一週間も早く開花して、潔く散って行った白木蓮の白い火焔を、白磁の提灯壺に重ねて視ていた。

それはなんという凄まじい像《すがた》であったろう。

隣地の一郭に毅然と立っている巨大な木蓮の、神韻の気溢れる神々しさ。

光に染められたまばゆい風が、枝を渡り、重い花弁を渡って行く。

そのたびに、いっそう白さを増した花々が、空中でゆっさりと笑うのだった。百千もの花が、白い息を吐いて妖艶に笑っている光景を、私は固唾《かたず》を呑んで視つづけた。

毎年のことながら、一本の神のような樹木は圧倒的な像で天に聳《そび》えていた。

あの白、と憶った。

出逢うたびに、強い衝撃が痛みのように胸をよぎった。

肉厚の、ややクリーム色がかった白い花弁は、蒼穹に確実な位置を占めて澄明であった。

椋鳥や目白などの野鳥が、次々に飛来して巨大な花群に入って行く。

ひとしきり囀ってから枝を離れ、また別の鳥たちが入って行ったが、花から飛び立つ時、彼らはもうさっきまでの鳥ではなかった。

李朝白磁提灯壺。いいえ、あれは白い花のようなもの。

春の日の白木蓮の燃焼と、空《くう》を抱えた白磁の壺とがだぶって光彩を放ち、あたかも格子戸越しに何かの影を垣間見ていたような憶いが、私に拡がって行く。

勝見
男
大全
MITSUO TAIZEN

夢を曳いて

今朝の目醒め直前かと思える頃に、何故か初期伊万里の夢を見た。

永年古陶となじんできたが、そんな夢は初めてかもしれない。陶片だったか、二、三並べられた皿であったたか。人々の間からひっそりとそれが垣間見えて、私は胸が高鳴った。

「ほら、これが初期伊万里なの…」と誰かに話しかけている。

見えているのは、目に深い印象を残すコクのある白磁だった。穢れのないその白い磁肌に、呉須の滲んだような青で細い草が描かれてあった。いや、そんな気がした。ただそこに、真白い硬質なものの上に、渾然一体となって、何か儚い気配が幽かに青く滲んでいたのだ。

初期伊万里というのは、そういうやきものではないだろうか。

先日、旧知の勝見充男さん(〝自在屋〟主人)から大判の骨董の本が届いた。題して『勝見充男大全』で、表紙は彼が李朝の小壺か何かを手に眺めている大写しの横顔の写真だ。本文はすべてカラーなのに、表紙の勝見さんだけモノクロというのが、いかにも彼らしいこだわりというか、含羞を感じさせるものだった。彼は私より十歳年少だが、本一冊すべてに網羅されたコレクションの何気ない凄さは、骨董のプロである事実を差し引いても、独自の感性が煌いていて驚く。

秦秀雄旧蔵の品が多く、秦さんの目、勝見さんの目、ということにいっとき慰められ、現《うつつ》の世を忘れさせてもらった。

文中の対談で「秦秀雄の骨董はどう感じますか」と問われ、勝見さんは「秦さんの骨董には〝さびしさ〟がありますね」と応えている。それ、だよねえ…と膝を打つ思いで私は文字を追う。

生前の出会いは得られなかったものの、秦秀雄を師と仰ぎ、強い影響を受けただろう勝見さんは、秦の境涯を貫いた〝寂しさ〟、寂寥のまなざしを、正面から受け止めていると思われた。

無常であること。形あるものはやがて滅ぶということ。必滅の宿命にある私たち人間や野の生きもの、草花ややきものや道具類などは大いなるものに抱かれて、この瞬《また》く間を慈しみ、愛《め》で愛するということの、惻惻たる寂寥の裡《うち》にある。

秦氏旧蔵の、創世期伊万里蘭の図の小碗も紙面の一隅にあり、かつて勝見旧宅でその実物を手に受けた折の感興も蘇る。

マンションに在っても夢幻の境にいた若き日の勝見氏と、束の間を対座した記憶は今も消えない。今朝方のおぼろの夢は、初期伊万里の伸びやかに描かれた蘭図小碗のあたりから、仄青い光跡を曳いてきたのかもしれないと、ふと思い返してみたりしている。

解説「清貧の美」を世界の物たちとの豊かな関係性に見いだす人
――山本萠『ドゴンの遠い瞳　萠庵骨董余話』に寄せて

鈴木　比佐雄

1

山本萠氏は、借家の古民家を「萠庵」と名付けて骨董・民芸の品々と共に暮らし、いつもその出逢いの感動を想起し日々を共に生きておられる。「清貧な美」を求めて書や絵を描き詩やエッセイを書く文人であり、自然の多様な生きものたちと交流する中で作品を生むアーティストだ。その人となりは自然体であり一見すると弱弱しく見えるが、その内面は風雨に負けぬ野草のように強靱な精神性を感じさせてくれる。私は三十年以上前に恩師の宗左近先生が主宰していた市川縄文塾に出入りしていた頃に、宗先生が山本氏の書や詩文を高く評価していたことを知った。山本氏は宗先生の縄文精神を現代に生かした詩文を書に表現していた。本当にその作家の精神に触れ深く出逢わなければ、山本氏が決して書にしないことを知った。私が文芸誌「コールサック」や私の著書を寄贈すると、山本氏からもその後に三つ折りの個人誌「雲の戸」、エッセイ集、詩集、書文集、クレパス画のカレンダーなどを送って頂くようになった。年に二度ほど都下のギャラリーで開催する書、クレパス画などの個展には、都合が付けば駆けつける関係だった。

山本氏は、すでに十数冊のエッセイ集、九冊の詩集、何冊かの書画集、多くの共著などを幾つかの出版社から約三十冊は刊行しているだろう。ところが二〇一八年の晩秋頃に、コールサック社から骨董・民芸の写真とエッセイで綴る『こたつの上の水滴　萠庵骨董雑記』を刊行して欲しいと依頼があった。私はその依頼に対して承諾したことを即答した。それは宗先生との深い縁が引き寄せたのだと直観したからだった。

翌年の二〇一九年春に山本氏は『こたつの上の水滴　萠庵骨董雑記』を刊行した。そのエッセイ写真集の記者や評論家たちへの推薦寄贈リストの中に、私は俳人の黒田杏子氏の宛先を忍ばせていた。なぜなら黒田氏は詩歌の作家の中で優れた目利きであり、きっと高く評価してくれるだろうと考えていたからだ。すると本が到着してすぐに、私に電話があった。「黒田杏子です。『藍生《あおい》』に山本萠さんの写真とエッセイを連載してもらいたい。すぐに彼女に連絡を取って欲しい」とのことだった。続けて黒田氏は「山本さんの骨董や民芸に寄せる写真とエッセイの世界は、『藍生』の俳人たちが憧れる精神性を持っている」という意味のことを私に率直に語られた。私は心ひそかに願っていたことが実現することを喜んだ。早速、山本氏に伝えると驚かれたようだが、「頑張ってみます」と緊張気味に快諾して下さった。黒田氏は毛筆の手紙でその依頼を正式に出したのだった。それから毎月の連載が開始して四年が経っていた。黒田氏は二〇二三年三月十三日に旅先の甲府で倒れて急死されて、「藍生」が終刊となった。その四十八回の連載とすでに執筆していた四回分と合わせた五十二回の写真とエッセイが残されたのだった。

2

今回の写真エッセイ集の『ドゴンの遠い瞳　萠庵骨董余話』を企画・プロデュースしたのは、山本氏に連載を促した黒田氏だったと言えるだろう。その黒田氏の三回忌には心から感謝の言葉を伝えるために、この山本氏のエッセイ集を持参して本郷にある黒田氏の墓前に捧げたい。本書は五十二編をⅠ章「風の舞」二十二編、Ⅱ章「人形の桃子と」三十編に分け、発表順に編集し、Ⅲ章「夢を曳いて」には他に発表した九編が収録されて、合計で六十一編が収録されている。

Ⅰ章「風の舞」の紹介をする前に、私は黒田杏子への論考『「あしたのあした」という「先駆的構想力」』(『沖縄・福島・東北の先駆的構想力』に収録)の中で、黒田氏の句集『木

の椅子　増補新装版』から十数句を挙げた内で次の一句も論じていた。

《「昭和四十九年まで」の四句目に野原を染め上げる大音響の句がある。／〈稲妻の緑釉を浴ぶ野の果に〉／雷は夏の季語で稲妻は秋の季語だと言われる。日本人は雷や稲妻を豊作をもたらすものと感じてきたが、黒田氏はその恵みを「緑釉を浴ぶ」と言い、なぜ雷を「稲」の「妻」と言い換えたかの理由として、「野の果て」までに天のエネルギーが及んでおり、天と地が相関関係であることを告げているのだろう。緑釉陶器は平安時代に初めて施釉された陶器と言われる。野原を陶器に見立てて稲妻が緑の釉薬を彩色してしまうという何とも大音響が聴こえてきて恐ろしくも美しいイメージが立ちあがってくる句だ。》

黒田氏は〈稲妻の緑釉を浴ぶ野の果に〉のような野原を陶器の素肌に見立てて、そこに緑釉のような稲妻が落ちてきて、野原に刻まれてしまうというイメージを第一句集で詠っていた。黒田氏は山本氏の『こたつの上の水滴』のI章「陶片の花野」に出てくる李朝陶磁や伊万里などの陶片や、古代の経塚壺などに注がれる視線に自らの自然観に近いものを感じていたのかも知れない。山本氏が愛してやまない「李朝の器」の特徴について研究家たちからは、完璧さを絶対化しないで、「非完成主義」の大らかな度量を持ち、歪みや削りや釉だまりなどの欠点を多様な魅力に変えていき、暮らしに活用する「清貧の美」にまで高めた精神性があると言われている。特に柳宗悦の「李朝の器というものは生まれでたものである。作られたものでない」と語った有名な言葉こそが、「李朝の器」の真髄を物語っているだろう。山本氏はこの精神への共感を生きていて、小さな器の中に「壮大な光景」を眺めているのだろう。黒田氏の「稲妻の緑釉」と、後で紹介する山本氏が初めて出逢った「灰青い白釉」は、根底では重なっているように私には感じられる。

3

本書のI章「風の舞」の初めのエッセイ「初めてのお茶碗」は、人はなぜ骨董の器に出逢い魅了されて買い始めるのかという思いが明らかにされている。文の前にはモノクロ写真があり「李朝堅手碗　径13㎝」と記されている。縁が白く光っていて、ぐい呑みの器のようにも見える。灰色の底には何か亀裂を修復したつなぎの白い曲線が走っている。「初めてのお茶碗」の冒頭を引用する。

《その日、〈私のお茶碗〉と呼べる茶碗を購入するのだと決意して、私は家を出た。四十年も昔のことである。／手籠の財布にはアルバイトで得た三万円が入っている。／それで茶碗が買えるか否か判らなかったが、何故だか迷いはなかった。／骨董雑誌に広告の出ていた都内の店へ、一人訪ねて行く。骨董の目も、茶道の何であるかも識らぬ新参者が、茶碗への憧れだけで行動した。探しあてた店に入って、李朝のものが並んでいる棚で白っぽい茶碗と目が合った。発掘の堅手《かたで》と呼ばれる李朝前期のやきもので、もしかしたらこれかもしれない、と思える何かが、その茶碗の姿や肌の調子の全容から伝わった。褐色の明るい土へ上掛けされた仄青い白釉が浄らかで、轆轤目《ろくろめ》も引き締まって美しかった。》

四十数年前に山本氏は、アルバイトで貯めたお金で〈私のお茶碗〉を買うために骨董店に向かった。「李朝のものが並んでいる棚で白っぽい茶碗と目が合った」という、器を一人の存在のように感ずる表現が、まさにその器と運命的に出逢ったことなのだろう。李朝前期だというと十五世紀から十六世紀頃の「堅手」という堅そうな質感の器を指し、その「仄青い白釉が浄らかで、轆轤目《ろくろめ》」にも引き付けられたのだろう。

《値を問うと静かな声で「三万円です」と店主に告げられ、思わず肩の力の抜けていくのがわかった。／ただ見込み（碗の底）中央に細い窯疵《かまきず》の亀裂が走っていて、店主が洩れるかどうか水を注いでくれた。裏の高台《こうだい》あたりが少し滲んだが、私は気にもならなかった。／そして再び店主とその茶碗を眺める。地上に出て初めて水を含んだ碗は、さあーっと翳りを帯び、表情が一変した。思わずわあーっと声が出た／「いいお茶碗だ」店主がしみじみ呟く。／それまでは気づかなかったが、見込みの立上がりの一か所が、濡れたことで暮れゆく夕空のように淡桃色に燿いていたのだ。なんとあえかなやわらかい景色だろう。釉掛けの際、ついてしまった口縁の指あともくっきり残って、やや端反《はたぞ》りの平凡な碗に生彩をもたらしていた。》

山本氏は店主から器の価格が告げられて手持ちのお金で足りたことで、大きな安堵を抱いたようだ。すでに出逢っているので見込み（碗の底）中央に細い窯疵《かまきず》があっても、全く気にならなかった。むしろ「見込みの立上がりの一か所が、濡れたことで暮れゆく夕空のように淡桃色に燿いていた」という「窯疵」による反射光の美しさを感じたことや、「釉掛けの際」の「口縁の指あと」の「端《はた》反《ぞ》りの平凡な碗に生彩もたらしていた」との感受性は、先に触れた「李朝の器」の「非完成主義」の大らかな度量の共感を体現している。さらに欠点を魅力に変えていき、暮らしに生かす「清貧の美」が山本氏の内面に抱え込まれていると理解できる。

《口経十三センチ、高さ六センチの古い朝鮮時代の茶碗が修理から戻れば、見込み一面に金の龍が大空へと駈け昇る、雄大な光景が現出している。この過ぎたる出合いに頭を垂れずにはいられなかった。清澄な、だがめざましい一個の碗に心解き放たれ、私は今日もさわさわっと台所でお茶を点てる。雲龍の背に乗り、はるけく私も天空へ昇って行くのだ。》

最終連では、修理から戻った李朝堅手碗の金継《つ》ぎで修復されきた「見込み」が、「金の龍が大空へと駈け昇る、雄大な光景が現出している」と思いが膨らむのだ。そして日々のお茶を点てる「李朝の器」によって、「雲龍の背に乗り、はるけく私も天空へ昇って行く」と「清貧の美」が逆説的に真に「想像力に満ちた豊饒の美」に展開していくのだろう。

4

山本氏は次のような一個の器や多様な骨董の世界を私たちに開示してくれている。その偏愛している家族のような物の在り様が「萠庵」での息遣いなのだろう。

二番目のエッセイ「天には月が」では、「初期伊万里の豆皿がある。私はそれを、初めて出掛けて行った〈星の樹〉という骨董店の主人に貰った。」と、欠けてはいるが伊万里の豆皿磁器に感激した山本氏に、店主は分け与えてしまった。山本氏は今もその豆皿を箸置きに使用しているという。この関係性は朝鮮出兵の時に連れてこられた朝鮮の陶土から伝えられた、伊万里の豆皿磁器に魅せられた二人だからこそ成立したのだろう。

最後にエッセイ「神サマは急いで」では、タイトルにもなった「西アフリカ・マリ共和国・ドゴン族の土偶」の存在感を記している。

《そのひとは丸いちっちゃな瞳で、いつもどこか遠くを見ている。／わが家の傷んだ塗箪笥の上で、ひっそりとここではない何処か、もっと遠く遠くを見ている。烈しい雨期と乾期を繰り返す、断崖に建つ村を見通している。開いたままの土の瞳は、故郷の空の涯てをその遠い目で見はるかす。／双眸の両脇に、平たい耳がある。何を聴いているのか、聴こうとしているのか。自分の生まれたアフリカ大地の地響きの音を聴きとっているのか。／耳なんだけど、鼻みたいね、と、そのひとの頭部近くにも、土から生まれた祈りの形の二つの顔が在る。神々が土の姿を借りて、いま、ここに。いま、かの時に。西アフリカのマリ共和国。岸壁つづきの村の一角でそのひとは生まれた。ドゴン族の人は日干しれんがで住居の修復をしながら、面長のその土偶《ひと》も生んだ。産まずにはいられなかった。》

「萠庵」には、「李朝の器」や「伊万里の陶片」や「唐の女人俑」だけでなく、「ドゴン族の土偶の神サマ」も暮らしている。このようなエッセイ六十一編を読むと、山本萠氏の「清貧の美」を宿した骨董の概念は深く広いと理解できる。そして古代からの世界の多様な人びとが作り続けてきた物と暮らす関係性が、どんなに豊かなものであるかを私たちに語りかけてくれる。

あとがき

まず店内の灯りを確かめ、一瞬の間《ま》を置いて、静かに（やや息を詰めて）扉や硝子戸を開ける。緊張や期待の入り混じった、何か言い難いような一刻だ。私にとっての、古民芸店や骨董店を訪ねる時の心境は、二十代で初めて足を踏み入れた折と殆んど変らない。骨董という、古くて限りなく奥深く美しいものは、私たちにそんな導きを与えてくれる。

やわらかな灯りのともされた店内で、それなりの時間をかけ、一つひとつのものと対面する。黙っていても、頭の中は急《せ》わしく動いている。好みのものを見つけて、胸の鼓動が高鳴っていることもある。あ、これだった、といえる何かと出会うことは稀だが、立ち止まり、振り返り、再び三たび手に享けて、胸中でものと語り合う。

私たちにそのような営みを促す古民芸骨董の、魔さえ潜む場所（店）が、近年減少し続けていることに、私のような素人はつよい懸念を憶えてしまう。願わくば、時にしごとの手を止めて、電車やバスを乗り継ぎ、そんな魅惑的な場所へ出掛けて行ける悦びを、この先も持ち続けていられたらと思う。

コールサック社の私の前著『こたつの上の水滴　萠庵骨董雑記』が刊行になった際、愛したものたちについて思い残すことなく書いた気がして、「これで骨董はおしまい」と一人呟いた記憶が蘇る。

ところが、版元の社主であり、詩友でもある鈴木比佐雄さんから電話があって、話の内容に驚嘆した。俳句界の部外者の私でも、その名やお顔を知っている黒田杏子《ももこ》氏から、自身が主宰する月刊の俳句誌「藍生《あおい》」に山本へ連載依頼があったというのだ。まったくもって生あることとの、なんという妙味だろう。

前著の刊行で、私の内部は空っぽになっていた筈だった。はい、わかりました、と電話口で告げたものの、書き続けられるかどうか自信があった訳ではなかった。しかし、ともかくも抽斗《ひきだし》から原稿用紙を取り出し、ペンを握った。

あれからの、丸四年間、私に満ちていた幸福を憶い出す。忘れてならないのは、鈴木比佐雄さんが本の刊行直後、黒田杏子さんに本を献呈してくれていたことだ。彼がいなければ、そして杏子さんがいなければ、この度の『ドゴンの遠い瞳　蒴庵骨董余話』も生まれることはなかった。

二〇二三年三月一三日。突如黒田杏子氏の急逝によって、連載は中断終了した。コロナ禍で彼女と相まみ得る機会が持てぬまま、お訣れとなった。無常を憶わずにはいられない。

甘やかに目白の囀る早春の窓辺にて

山本　蒴

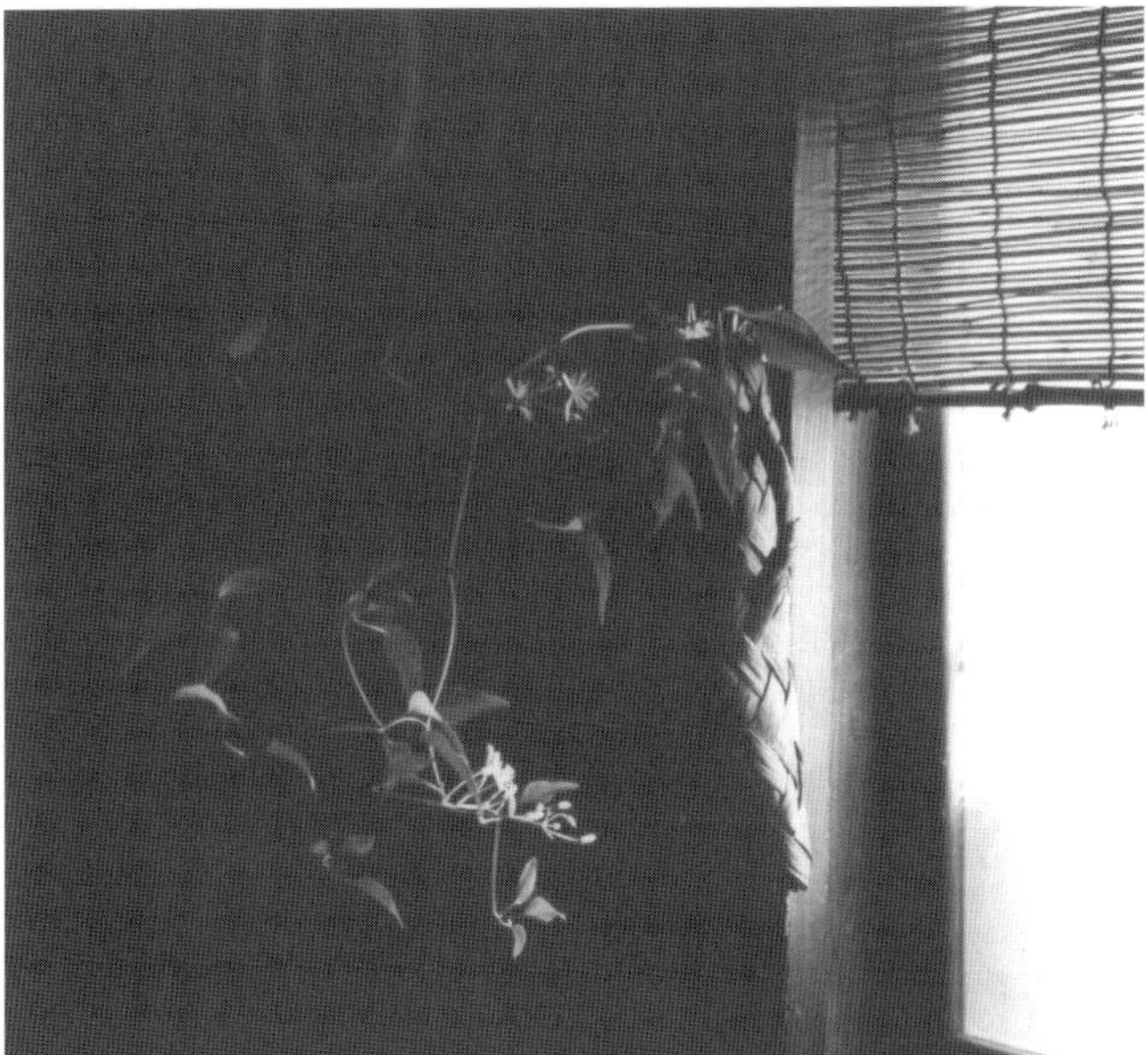

略歴

山本　萠（やまもと　もえぎ）

一九四八年一月大阪市生まれ。二十代半ばより骨董に魅せられ、古美術評論家の秦秀雄とその著書を通じて出会う。

一九八六年より埼玉県所沢市の街中に、古い家を借りて棲む。一九八九年より一九九七年頃まで骨董の月刊誌『小さな蕾』誌上に、エッセイと写真で綴る〈萠庵日記〉を連載。現在は、一人の季刊詩誌『雲の戸』を発行。二〇一九年、俳人黒田杏子氏の推薦により、氏主宰の月刊俳句誌『藍生《あおい》』に「萠庵骨董余話」を連載開始。二〇二三年三月十三日に黒田杏子氏急逝により、連載は四十八回で中断、終了する。団体に属さないで書や画の個展を主に活動する。

著書に『萠庵春秋』『花と羅漢と』（以上山梨ふるさと文庫）、『花の声』『祈り』『風の庵』『花に聴く』〈日本図書館協会選定図書〉（以上リサイクル文化社）、『墨の伝言《ことづて》』〈日本図書館協会選定図書〉（法藏館）、『古い扉の前で』（ふきのとう書房）、『鈴鳴らすひと』（ひとなる書房）、『沈黙の…深い声』（産心社）、『椅子の上の時間』（書肆夢ゝ）『こたつの上の水滴　萠庵骨董雑記』（コールサック社）、『遥かなロシアの唄の底へ　石橋幸物語』『猫《ラン》と握手』（以上書肆夢ゝ）他に、詩集『寒い駅で』（'18刊）など九冊。書文集『山本萠　山頭火を書く』『墨の詩抄　わたしの出会った詩人たち』（以上ふきのとう書房）。素描集、詩画冊子など多数。

石炭袋

ドゴンの遠い瞳　萠《もえぎ》庵《あん》骨董《こっとう》余《よ》話《わ》

2025年3月13日初版発行
著　者　　　　山本 萠
編集・発行者　鈴木比佐雄
発行所　株式会社 コールサック社
〒173-0004　東京都板橋区板橋 2-63-4-209
電話 03-5944-3258　FAX 03-5944-3238
suzuki@coal-sack.com　http://www.coal-sack.com
郵便振替　00180-4-741802
印刷管理　（株）コールサック社　制作部

装幀　松本菜央　　写真　山本 萠

落丁本・乱丁本はお取り替えいたします。
ISBN978-4-86435-650-3　C0095　￥2000E